부자 아빠의 행복 철학

내 아이에게 꼭 들려줘야 할 성공의 비밀

부자 아빠의 행복 철학

이주택 지음

일요일의꿈

목차

프롤로그 ... 6
INTRO : 행복은 무엇일까? ... 10

Part 1 · 인생 초년기 · 출발이 인생을 바꾼다

나는 성장한다, 고로 행복하다 ... 23
도전, 극복, 성장을 외치며 심리적 장벽을 넘어라! ... 27
시작점을 찾고 싶다면 메타인지 능력을 키워라! ... 34
극복과 성장의 비밀 ... 38
성장이 성공이다 ... 44
결과에 집착하지 마라, 결국엔 다 쓰인다 ... 47
실패 후 다시 일어나기 위해서는... ... 52
실패의 원인이 인간? 절망 극복법 ... 58
벌어지는 격차, 인생의 복리효과 ... 64
4차 산업혁명 시대의 유망 직업과 이 사회의 성공 공식 ... 70
시간을 늦추는 자가 행복하다 ... 75
시계추를 멈추는 습관들 ... 82
60분의 법칙 ... 87
스트레스는 시간을 빠르게 움직인다 ... 91
겸손이 행복을 가져온다 ... 94

Part 2 · 인생 중반기 · 자유가 행복이다

행복을 위한 자유라는 것	101
경제적 자유는 중간 시기 진입이 중요하다	106
직업이 행복을 결정한다	112
부자는 행복하지 않다, 그래도 부자가 되고 싶다면	123
운이 없다면 복리의 마법을 이해하라	131
경제적 자유를 위한 습관 : 66일의 법칙	136
지식과 경험으로 가치를 생산하라	148
권력으로부터의 자유	154
다름을 인정받아라	158
고독을 즐겨라	163
비교와 질투는 불행의 시작이다	167
대화의 기술이 너를 자유케 하리라	171
결혼! 할 거라면 행복을 위한 배우자의 세 가지 조건	176

Part 3 · 인생 말년 결승선 · 사랑이 행복이다

이성 logos을 넘어서	185
스스로를 사랑하라	189
사랑의 종류와 컴패션	193
궁극적 사랑	199
사랑은 감사에서 시작된다	204

에필로그 : 이 길의 끝에서   206

프롤로그

햇볕이 기분 좋게 내리쬐는 5월의 뉴저지, 메모리얼 데이 Memorial day 오후이다. 창밖으로 보이는 올해 새로 나온 연두색 잎들이 싱그럽고, 오렌지빛 단풍잎 사이로 보이는 파란 하늘과 흰 구름은 나를 무척이나 편안하게 해준다. 오늘도 다른 날과 다름없이 아침 일찍 해가 뜰 무렵 일어나 기도를 한 다음, 해독 주스에 시리얼로 간단한 아침 식사를 마친 후 커피를 마시고 아침 일과를 시작했다. 학교는 여름 학기까지 끝나서 내게는 이번 주부터 긴 여름방학의 시작이다. 오늘은 유튜브 라이브 방송도 오랜만에 쉬는 날이라 원고를 조금 쓴 후에 점심을 먹고 짐gym에 다녀왔다. 열심히 운동을 한 후에 사우나도 하고 나니 머리가 맑아지고 온몸에 좋은 기운이 넘친다.

　이것이 내가 생각하는 지금 나이에 할 수 있는 가장 행복한 삶의 루틴이다. 건강 보험도 중요하지만, 하루 한 시간 정도의 운동으로 육체적, 정신적 건강을 유지하는 것. 나쁜 습관 없이 좋은 습관들이 잘 배어 있으면 아플 수 없다.

　나는 학교나 삶에서 누구에게도 구애받지 않고 스트레스 없는 자유로운 삶을 살고 있다. 또 〈반교수TV〉 채널의 유튜브 공동체를 통해 사람들과 사랑을 나누고 있다. 늘 웃음이 가득하니 자연 항생제라고 불리는 엔도르핀이 멈추지 않고 솟는다. 아침마다 기도를 하고 하늘과 맞닿은 드넓은 자연 속을 산책하며 주님과 늘 동행하는 가운데 고독과 사색을 즐기고 있다. 늘 새롭게 무엇인가에 도전하고 인내심을 갖고 이겨내어 성장하고 있으니, 삶이 늘 생산적인 것도 나를 행복하게 한다.

　이 책은 내가 50년 인생을 살며 이런 나의 행복한 삶에 어떻게 도달하게 되었는가를 돌아보며 행복의 비밀을 정리한 책이다. 하늘이 주신 자신의 운명을 안다는 뜻으로 '지천명'이라 불리는 오십의 나이에 도달해 보니 내가 삶에서 선택해 왔던 길들의 끝자락이 보이기 시작한다. 그와 함께 달라진 나의 인생도 돌아보게 되었다. 갈팡질팡 방향도 없는 것처럼 지그재그로 인생의 길을 걸어왔다고 생각했는데, 결국에 어떤 종착점이 보이기 시작하니 그저 신기할 뿐이다.

한국에서의 막힌 길에서 벗어나고자 선택한 유학 생활이었지만, 이곳에서도 가난하고 희망이 보이지 않는 절망의 바닥을 경험했었다. 하지만 시간이 흘러 지금은 절망에서 벗어나 경제적 자유를 이루었고, 미국 명문대학의 종신교수로 평생직장이 보장되었다. 거기에 사랑하는 와이프, 예쁜 딸과 행복한 가정까지 이룰 수 있었다.

나는 이를 단지 운이 좋았기 때문이라고 생각하지 않는다. 나는 그렇게 운이 좋은 사람이 아니라는 것은, 한 번도 복권에 당첨되지 않았던 젊은 시절부터 알았다. 그래서 이 책에서는 초등학생인 내 딸 수민이와의 소설적 대화를 통해 여러 행복의 비밀들을 찾아보려고 한다. 인생은 마라톤이라 인생의 초년기와, 중년기, 노년기에 행복을 결정짓는 요인이 조금씩 달라진다. 솔제니친이 말하듯 삶은 불확실하고 신비로우며 오묘해서, 각자의 삶 가운데 각 시기에 가장 적합한 행복의 비밀을 찾기가 정말 힘들다. 하지만 끊임없이 생각하고 인내심을 갖고 자기만의 길을 걷다 보면, 그 비밀이 신기하게도 조금씩 풀려나가는 것을 보게 된다. 지그재그 같던 인생도 행복을 향한 하나의 굵은 선을 이루고 있었음을 시간이 한참 지난 후에야 깨달았다.

2025년 5월
뉴저지 테너플라이에서

INTRO

행복은
무엇일까?

행복은 무엇일까?

우리 아빠는 미국 뉴저지에 혼자 산다. 나는 아빠를 무척 좋아한다. 하지만 우리는 떨어져 산다. 코로나 사태로 팬데믹이 닥치면서 나는 엄마와 함께 한국으로 피신해 왔다. 그 후로 시간이 벌써 5년이 흘렀다. 엄마는 학교에서 직장을 구했고, 나는 여기서 유치원을 졸업하고 초등학교 2학년이 되었다. 한국 교육과 한국 문화를 좋아하는 엄마 아빠는 내가 한국에서 계속 자라기를 원하신다.

아빠가 혼자 사는 미국 집은 2층으로 되어 있는데, 다락방과 지하실도 있다. 나는 일주일에 한 번 카카오톡으로 아빠와 화상 통화를 하는데 이때 아빠는 화면을 통해 집 안 구석구석을 보여주신다. 나는 화면을 통해 아빠 집을 탐험하는 것을 좋아한다. 2층 복도 천장에는 긴 줄이 달려 있는데 그걸 당기면 다락으로 올라가는 사다리가 내려온다. 조심조심 그 위로 올라가면 먼지 낀 다락 공간이 나타나고 그 구석에는 내가 좋아하는 쥐덫이 있다. 종종 쥐덫에 쥐가 잡히기도 하는데, 아빠는 잡힌 쥐는 징그럽다고 보여주지 않는다. 그래도 카메라 너머로 보이는 다락방 구석에 생쥐들이 살고 있다는 게 신기하다.

다락에서 내려오면 내가 아기 때 가지고 놀던 인형들이 가득한 내 방이 있다. 아빠가 식스플래그 six flags 놀이 공원에서 뽑아준 커다란 토끼와 리락쿠마, 코리락쿠마, 시나모롤 같은 캐릭터 인형과 고래, 가재 등의 동물 인형들이 합치면 45개나 있다. 올여름에 엄마랑 미국에 가면 직접 다 볼 수 있을 것 같다.

아빠의 카메라로 내 방을 다 둘러본 후에는 엄마 아빠 방도 구경하고 아래층으로 내려온다. 아래층 거실에는 피아노가 있다. 종종 아빠는 이 피아노로 나에게 연주를 들려준다. 이루마의 'river flows in you'나 히사이시 조의 '여름 summer' 같은 아름다운 피아노 연주곡이다. 그럴 때면 나는 조용히 눈을 감고 아빠의 연주를 감상하다가, 집 구경을 계속하고 싶어 연주를 중단시키곤 한다.

거실 계단에서 옆으로 돌아서면 지하로 내려가는 문이 있다. 문에는 크리스마스 트리에나 달 법한 커다란 방울이 달려 있다.

문을 열면 방울 소리가 '짤랑' 하고 울리는데 이 방울 소리는 항상 나를 두근거리게 한다. 사실 다락보다는 지하가 더 궁금하다. 지하실에는 옛날에 내가 타던 유모차와 각종 상자와 가방들, 쓰지 않은 오래된 물건들이 보관되어 있기 때문이다. 또 지하실에는 빨래방과 전기실, 보일러실도 있다. 이렇게 한 바퀴를 돌고 나면 집 투어는 끝이 난다.

오늘은 토요일. 밀린 학원 숙제를 하는 날이다. 다행히 엄마는 평일에는 숙제를 시키지 않는다. 그래서 평일에는 다양한 활동을 하고 즐겁게 보내지만, 주말에는 밀린 숙제를 하느라 조금 바쁘다. 그래도 내가 토요일을 손꼽아 기다리는 건, 아빠랑 통화를 하는 날이기 때문이다. 오늘 아침에도 어김없이 엄마가 아빠랑 통화하라며 스마트폰을 내게 건네주었다. 엄마는 보통 나에게 해롭다며 스마트폰은 쓰지 못하게 하고 TV도 잘 보여주지 않는다. 그래서 내가 스마트폰을 만져보고 사용할 수 있는 건, 유일하게 아빠와 통화를 할 때뿐이다. 물론 학교에서는 친구들의 것을 많이 사용해 보았지만, 엄마에겐 비밀이다.

"수민아!"
내 이름을 부르는 아빠의 목소리에 기쁨이 잔뜩 묻어 있다.

"아빠!"
나도 마음을 담아 아빠를 불렀다.

"아빠, 뭐해?"
나는 아빠가 무엇을 하는지 항상 궁금하다. 아빠는 내 친구니까.

"응 아빠는 저녁 먹고 쉬고 있어."
당연하게도 내가 있는 한국은 토요일 아침이지만 아빠가 있는 미국 뉴저지는 저녁이다. 처음에는 이런 시차가 자꾸 헷갈리기도 했다. 그런 나에게 아빠는 한국 시각에서 1을 뺀 후에 아침과 저녁을 바꾸면 미국 시각이라고 늘 알려주신다. 여기가 아침 10시니까 미국은 저녁 9시다.

"우리 딸 생일 축하해! 아빠가 옆에 없어도 힘내고, 엄마 할머니랑 즐겁게 보내."

"응! 그럴게. 고마워."

"그런데 우리 딸 요즘 제일 재밌는 게 뭐야?"
요즘 나는 바쁘게 학원에 다니느라 이런 생활 속에서 딱히 생각나는 재밌는 일이 없었다.

"음… 모르겠어."
나는 솔직하게 대답했다.

"우리 딸, 바쁘게 지내는구나. 요즘 행복해?"

"잘 모르겠어. 행복이 뭘까?"

"그럼 오늘은 행복에 관해서 이야기해 볼까?"
사실 나는 행복이란 막연히 좋고 즐거운 것이라는 생각밖에는 없었다. 그래서인지 더 알고 싶었다.

"좋아!"

"일단 수민이는 행복이 뭐라고 생각해?"

"좋고 즐거운 것!"
나는 일단 자신 있게 대답했다.

"맞아. 좋은 대답이야. 행복한 것은 쉽게 말해 즐거운 거야. 아빠는 우리 딸과 엄마랑 통화할 때 정말 즐겁거든. 웃음도 많이 나오고 행복하지. 많이 웃을 수 있는 게 행복인 것 같아."

"맞아. 나도 학교 쉬는 시간이나 학원에서 친구들하고 놀 때 제일 많이 웃고 즐거워. 아빠는 또 언제 행복해?"

"아빠는 새로운 것에 도전하고 배울 때가 제일 즐거워. 콧노래가 절로 나오지."

"그렇구나. 나도 학원에서 미술이나 바이올린, 피아노를 배울 때가 즐거워! 특히 그림 그리고 수영할 때가 제일 즐거운 것 같아."

"수학, 영어, 논술은?"

"음, 어렵고 숙제도 많아 힘든데, 그래도 재밌는 것 같아. 그만두기는 싫어. 나도 엉덩이를 흔들고 아빠처럼 콧노래를 부르면서 숙제를 하거든. 이렇게 즐거운 게 행복의 전부야?"

"물론 아니지. 행복이란 친구들을 만나고, 새로운 것을 배우면서 즐거운 것만을 말하는 것은 아니야. 유명한 그리스의 철학자

아리스토텔레스는 행복이 모든 인간 활동의 궁극적인 목적이라고 했지. 우리가 하는 모든 것이 결국 행복을 위한 것이라는 말이야. 그만큼 행복은 여러 가지 조건들이 충족되어야 만족될 수 있어. 즐거운 감정이 지나치면 쾌락이라고 불리기도 하는데, 이 쾌락만으로는 행복을 다 설명할 수 없어. 쾌락을 느끼면 뇌에서 도파민이라는 호르몬을 분비하는데, 그러면 기분이 좋아지지. 하지만 도파민에 의한 즐거움에 익숙해지면 그에 지나치게 의존하게 되고, 같은 쾌락을 느끼기 위해 점점 더 큰 도파민이 필요해지거든? 그러다 보면 중독이 되기도 해. 나중에는 같은 자극을 주어도 더 많은 도파민이 나오지 않게 되면서 불만족스럽고 우울해지기도 하지. 의사들은 이를 뇌가 파괴되었다고 표현하기도 해."

"뇌 파괴! 무섭네!"

"맞아. 무서운 일이지. 이 이야기는 뭐냐하면, 쾌락을 추구하는 것이 늘 행복한 결과를 낳지는 않는다는 거야. 짧은 시간 동안 기분이 좋게 만들어주기는 하지만 그건 결코 오래가지는 못하거든.

엄마가 수민이가 스마트폰으로 게임을 하거나 유튜브를 보는 것을 제한하는 것도 이런 이유에서야. 쾌락에 빠지지 않게 도와주기 위해서, 도파민에 중독되지 않게 하기 위해서 그런 거지. 게임은 이기다 보면 기분이 좋아지고, 지면 이겼을 때의 쾌락을 다시 느끼고 싶어 계속하게 되거든. 그러다 보면 계속 몰입하게 되고 중독이 되지.

유튜브를 살펴볼까? 유튜브에는 조회수를 올리기 위해 자극적인 제목들을 붙인, 자극적인 영상들이 너무 많거든. 자꾸 보다 보면 자극에 무감각해지고, 더 자극적인 영상들을 찾게 되는 거야. 유튜브에는 알고리즘이라는 프로그램이 있어 시청자가 좋아할 만한 영상을 추천해 주거든? 계속해서 자극적인 영상을 보는 시청자에게는 알고리즘이 더 자극적인 영상을 추천하게 되어 있어. 계속 그런 것들을 보다 보면 중독이 될 수밖에 없어.

결국 도파민 작용에 의해 이런 쾌락들에 익숙해지고 뇌는 파괴되어 가지. 나중에 나이를 먹고 이삼십 대가 되어서도, 나아가 사오십 대가 되어서도 여기에서 벗어나지 못하는 이유기도 해."

"아, 그렇구나. 나는 아직 쾌락에 빠지지는 않았네."

"맞아. 가볍게 친구들을 만나서 놀고, 새로운 것을 배우는 즐거움은 쾌락과는 또 다르지. 좋은 친구들과 사랑을 나누고, 이성적으로 새로운 것을 배우고, 깨닫는 것은 다른 즐거움이야. 또 그런 것들을 할 수 있게 만드는 환경이 모두 합쳐져서 행복을 만들어가는 거야. 행복은 감정적인 쾌락보다는 이성적인 기쁨이라고 표현하는 게 좋을 것 같아."

"친구들을 만나고 책 읽고 새로운 것을 배우는 기쁨!"

"맞아, 기쁨. 독일 알지?"

"응, 뻐꾸기시계와 소시지로 유명한 곳?"

"맞아. 벤츠나 폭스바겐처럼 차도 잘 만들지. 사실 이 독일은 괴테와 같은 유명한 철학자, 과학자, 예술가들이 많이 살던 곳이야. 나중에 많은 독일인이 전쟁을 피해 미국으로 이주하긴 했지만 말이야. 이 독일이라는 나라에는 아빠가 좋아하는 에리히 프롬이라는 사람이 살았어. 에리히 프롬은 사람의 정신과 마음을 연구하는 심리학자인데, 이분이 '행복은 자유와 사랑과 생산에 달려 있다'고 말했어. 아빠도 이 말에 동의해. 아빠는 자유로울 때, 사람들과 사랑을 나눌 때, 그리고 계속 배우고 성장하고 무엇인가를 만들며 생산해 낼 때가 가장 기쁘고 행복한 것 같아."

"와~ 그렇구나~. 그러면 나도 행복한 거네! 나는 바운스 트램폴린 파크에 놀러 가서 혼자 놀 때 자유롭고 행복해. 요즘은 만화 그릴 때나 미술 시간에 뭔가를 만들었을 때, 성장하고 뭔가 해내는 것 같은 기분이 들어서 정말 행복한 것 같아. 그리고 친구들이 날 사랑해 주고 엄마 아빠가 사랑해 주는 것도 너무 좋아."

내 말을 들은 아빠는 다정한 목소리로 말했다.

"우리 딸 사랑해~"

"나도 아빠 사랑해~"
나도 아빠에게 진심을 담아 화답해 주었다.

"그럼, 오늘은 행복에 관한 이야기를 여기에서 끝내고, 다음 주에 조금 더 자세하게 얘기해 보자. 우리 딸 일주일 동안 잘 지내고."

"응, 아빠도 좋은 일주일 보내!"
나는 전화를 끊고 하루 종일 숙제를 했다. 콧노래를 부르면서 엉덩이를 실룩거리며 기쁘고 행복하게. 숙제를 끝낸 후에는 바운스에 가서 즐겁게 놀았다. 자유를 만끽하며.

Part 1

◆ 인생 초년기 ◆
출발이 인생을 바꾼다

나는 성장한다,
고로 행복하다

　벌써 일주일이 지나 토요일이다. 평일에는 숙제를 안 하기 때문에, 집에 오면 밥 먹고 엄마와 목욕하고 9시에는 잠자리에 든다. 친구들은 밤늦게까지 숙제를 하고 잔다고 하는데, 나는 평일에는 학교와 학원에서 배우는 것이 전부다. 친구들과 재미있게 놀다가 집에 오면 인형 친구들을 안고 그냥 꿈나라로 간다. 대신에 토요일에는 엄마랑 모든 숙제를 한꺼번에 해야 한다. 수학, 영어, 눈높이까지 하루 종일 숙제만 한다. 일찍 끝내면 바운스나 키즈 카페에 갈 수 있기 때문에 가끔은 새벽에 일어나 혼자 숙제를 시작할 때도 있다.
　커튼 사이로 기분 좋은 햇볕이 가득 들어오는 토요일 오전.

잠시나마 아빠와 통화를 할 수 있어서 기쁘다. 이 시간에는 숙제를 잠깐 쉴 수 있기도 하고.

"수민아! 아빠하고 통화해."
엄마가 스마트폰을 건네주었다. 스마트폰은 만질 때마다 설렌다.

"아빠!"
반갑게 아빠를 불렀다.

"수민아! 잘 지냈어?"
아빠는 여느 때처럼 나의 안부를 묻는다.

"응. 잘 지냈어."

"이번 주에는 재미난 일 없었어?"

"응, 기억이 안 나네."
내 말을 들은 아빠는 껄껄 웃으셨다.

"그랬어? 수민이에게 매일 재미난 일이 많으면 좋을 텐데. 아빠가 옆에 있으면 많이 재미나게 해줄 텐데 아쉽다. 나중에 아빠

한국 들어가면 수민이 어릴 때 같이 갔던 경주 뽀로로 수영장에 꼭 같이 가자."

"뽀로로 수영장 너무 좋아!"

"그런데 수민아, 우리 집 가훈이 뭔지 알아?"

"가훈? 기억이 안 나는데."

"응. 아빠가 지난번에 가르쳐 준 것 있잖아. 도전, 극복, 성장!"
아빠가 조그만 화면 너머로 주먹 쥔 팔을 위에서 아래로 내리며 힘차게 외쳤다.

"아~ 그거! 기억나."

"응. 그동안 아빠가 말 안 한 것 같아서 다시 한번 해본 거야. 수민이 까먹었을까 봐. 수민이 아기 때부터 아빠가 곰곰이 생각해서 만든 거잖아. 왜 이런 구호를 만들었냐면, 수민이가 도전하고 극복하고 성장하면서 많은 행복을 느끼길 바라서야. 지난번에 행복이 무엇인지에 대해서 얘기하다 끊었잖아? 도전하며 극복하고 성장하는 것이 인생의 마라톤을 시작하는 이들에게는 가장 중요한 행복의 조건이 아닌가 싶어서 얘기해 주는 거야. 이 도전, 극복, 성장을 인생의 초반기와 중년까지 잘 반복하면 평생을 기쁘고 행복하게 살 수 있을 거라고 아빠는 믿어. 물론 죽을 때까지 새로운 것에 도전해서 배울 수 있으면 더욱 좋고."

"정말? 알겠어. 오래오래 기억할게!"

도전, 극복, 성장을 외치며
심리적 장벽을 넘어라!

"아빠 그런데 도전이 뭐야? 무엇부터 도전하고 시작을 해야 해?"

"좋은데! 우리 딸 벌써부터 도전하고 싶구나!

도전이라는 건 하고 싶은 마음은 있었지만 여러 가지 상황이나 심리적인 요인으로 하지 못했던 것들을 마음먹고 시작하는 것을 뜻해. 학교나 학원에 가서 새로운 분야를 배워 본다거나, 하고 싶었던 운동을 시작해 보거나, 관심이 갔던 일들이나 취미 생활을 시도해 보는 거지.

세상에는 시작점이 많아. 대부분 할 수 있는 것인데 하지 않을 뿐이지. 시작이 반이라는 말도 있잖아. 무엇이든지 잘 생각을 하고 선택을 한 후에 도전해야 하니까, 시작이 어렵게 느껴지기도 해. 일단 시작을 하는 것이 제일 중요하거든. 일단 시작해서 열심히 하다 보면 사람은 성장을 하게 되고, 그 성장하는 가운데 행복을 느끼게 되지. 그러다 보면 좋은 결과를 얻을 수 있기도 하고.

하지만 부정적인 생각과 마음 때문에 시작은 사실 쉽지 않아. 사람들은 재정, 시간, 체력, 다양한 상황적 이유를 들어가며 도전을 피하고는 해. 심리적 부담 때문에 시작할 수 있는 많은 기회가 있는데도 불구하고 시작을 못 하는 사람들도 많아. 세상엔 많은 시작점과 기회가 있는데, 나이가 들고 가정이 생기고 여러 사회적 책임들이 늘어나면 시작을 망설이게 되는 제약들도 같이 늘어나거든. 그러면 많은 기회가 등 뒤로 사라져가지. 40세가 되고, 50세, 60세가 되면 포기해 온 많은 도전의 기회들을 후회하기도 하고."

"난 새로운 것 배우고 도전하는 것 좋아해! 그래서 엄마한테 학원 더 보내달라고 하는데 안 보내줘!"

"하하! 지금도 많이 다니잖아. 우리 수민이는 그런 면에서 아주 좋은 마인드셋mindset을 가지고 있네. 학원 가기 싫다고 핑계를 대려면 댈 수도 있는데, 그런 것 없이 바로 도전을 하고자 하네. 멋지다, 우리 딸!"

"마인드셋?"

"응, 마인드셋이라는 것은 마음가짐을 말해. 도전하는 마음가짐. 두려워하지 않고 시작하려는 마음가짐."

"아, 그렇구나. 생각해 보니까 나는 바이올린과 피아노, 미술과 수영, 줄넘기, 수학, 영어, 논술까지 모두 엄마한테 부탁해서 혼자 시작을 했네! 엄마가 너무 많다고 말리기도 했지만, 지금은 다 즐겁게 하고 있어!"

"와, 우리 수민이 대단하다! 음악, 미술, 운동 그리고 어려운 영어와 수학까지도 처음에 혼자 마음먹고 시작했잖아. 수민이가 선택한 것들이 제각각 다른 능력을 키워줄 수 있는 분야라는 것이 흥미롭네. 음악은 감성을 키울 것이고 미술은 창의성을, 운동은 체력을 길러줄 거야. 영어와 논술을 배우면 언어와 의사소통 능력이 자랄 테고, 수학을 배우면서 논리와 수학적 능력을 키울 수 있겠네. 이런 능력을 키울 수 있는 것들을 직접 선택해서 배우기 시작했다니. 너는 정말 멋진 것 같아!"

"음, 내가 좀 멋있어!"

"하하하."
너스레를 떠는 내 모습에 아빠는 크게 웃었다.

"아빠는 뭘 도전해 보았어?"

"흠, 너무 긴데 괜찮겠어? 아빠는 수민이보다 나이가 많으니, 그 긴 시간 동안 엄청 많은 것에 도전해 왔고 지금도 하고 있지."

"지금까지 어떤 직업에 도전했었어? 또 어떤 공부를 했었어?"

"직업으로는 종신교수, 변호사, 기자, 작가, 칼럼니스트, 피디, 전도사, 상담사, 주부, 정원사, 예능인, 드라마 평론가 등에 도전해 보았지. 나를 발전시키기 위한 전공 공부로는 국제법, 국제 거래법, 미국법, 비교법, 법철학, 국제정치, 정치, 경제학, 경영학, 회계, 재무, 통계, IT 문헌정보학, 인공지능, 웹디자인, 세계사, 한국사, 중국사, 근현대 미술사, 영문학, 희곡, 불문학 등에 도전해 보았어. 엄청 많지? 아빠는 흥미가 다양하고 도전을 즐기는 편이라, 시간이 흘러 돌아보니 이렇게 긴 리스트가 되었어.
중고등학교에서는 수학과 과학도 잘하고 싶어서 풀기 어려운 문제에 도전도 많이 해봤어. 원래 아빠는 이과가 적성이라 국어, 문학, 영어, 불어, 정치경제학 등에 어려움을 느꼈었거든. 그런데 열심히 도전해서 극복한 결과, 고려대학교에 들어갈 수 있었지. 교수가 된 이후에는 국제법, 국제 거래법, 헌법, 리서치 등 다양한 과목의 수업을 가르쳤어. 지금은 미국 로스쿨에서 비원어민이지만 영어로 소크라테스 대화법을 사용해 미국 학생들을 가르치고 있잖아.

또 국제학회에서 발표할 수 있는 기회가 생기거나 방송 출연 제의가 오면 항상 두려워하지 않고 도전했지. 그러면서 당당하게 발표도 하고 토론도 하며, 사람들과의 의사소통 능력을 키워 나갔어. 인공지능, 인권, 한반도 통일방안, 교육 개혁 등에 관련된 다양한 영문 논문들과 책도 써봤어."

"우와, 정말 많이 공부하고 노력했네. 나랑 아빠랑 43년의 나이 차이가 나니까, 나도 아빠 나이가 되었을 때 다 할 수 있을까?"

"당연하지!"

"그러면 취미는 어떤 것에 도전해 보았는데?"

"악기 중에는 초등학교 때는 바이올린, 고등학교 때는 풍물패에서 북, 장구, 꽹과리에 도전했었어. 코로나 때는 피아노와 성악에 도전해서 지금까지 계속해 오고 있어. 창의적 활동으로 그림을 그리기도 하고.

취미라고 할 수 있을지 모르겠지만, 경제 주식 관련 책들을 한국어로 계속 출판하고 있어. 또 코로나 시기부터는 유튜브 〈반교수TV〉 채널을 시작해서, 영상을 만들면서 기획하고 대본을 작성하고 편집하는 일에도 도전하고 있지. 라이브 방송을 진행할 때는 앵커, MC, 기자 등 다양한 역할을 시도하고, 먹방, 쿡방, 노래까지 여러 분야에 도전했어. 벌써 구독자가 10만이 넘어 실버 버튼도 받았잖아."

"와~ 축하해, 아빠. 나도 유튜버 하고 싶어!"

"하하. 아빠가 하는 일을 우리 딸이 부러워하니 무척 기쁘네. 나중에 크면 도전해 봐."

"알았어. 다른 도전은 안 해?"

"또 뭐가 있을까. 언어는 영어, 불어, 일어, 중국어, 스페인어에 계속 도전하고 있고. 단순히 문법, 단어만 외우는 것보다는 발음 교정을 통해 원어민처럼 말하고 듣는 연습도 꾸준히 하려고 노력 중이지. 운동은 축구, 농구, 탁구, 테니스, 스노보드, 윈드서핑, 수영, 스쿠버다이빙, 골프, 육상, 헬스 등 많은 종목에 도전해 왔지. 요즘은 턱걸이 10개에 도전하고 있어!"

"와, 정말 많다!"

"맞아. 아빠는 50년을 살았기 때문에 도전할 수 있는 것들이 너무 많았지. 인생엔 시작점이 많고, 살면서 도전할 수 있는 영역은 무궁무진해. 그러니 메타인지 능력을 키워서 자신이 부족한 것이 무엇인지를 깨닫는 게 중요하지. 부족한 약점을 극복하기 위해 필요한 것을 찾다 보면 도전할 만한 새로운 영역은 쉽게 알 수 있을 거야.
　이걸 공부에 적용한다면 나에게 부족한 과목을 먼저 찾아내는 것이 중요해. 그다음에는 도전해서 약점을 극복하고, 어려운 것을 쉽게 만들려고 노력하는 게 중요하지. 물론 네가 좋아하고 하고 싶은 것을 찾아내도 되고."

시작점을 찾고 싶다면 메타인지 능력을 키워라!

"메타인지 능력?"

"응, 메타인지 metacognition 능력이라는 게 뭐냐 하면, 내가 잘하는 것과 못하는 것을 정확히 알고 인지하는 것을 말해. 마치 저기 하늘에서 나를 보는 것처럼, 멀리 떨어져서 내가 스스로 무엇을 잘하나 못하나를 객관적으로 살펴보는 거지. 큰 숲에서 나무를 보듯이 큰 그림 안에서 나 자신이 잘하고 있나, 못하고 있나 판단하는 거야. 자기 생각의 흐름을 파악하고 자기가 가진 지식과 능력, 기술을 잘 인지한 다음 그것을 기반으로 계획을 세워 능력을 사용하는 거지. 그러면서 목적에 맞게 조금씩 조정해 나가는 거야.

　나를 둘러싼 이 세상의 모든 지식과 사물들은 서로 보이지 않게 연결되어 있어. 이러한 것들을 연결해 보고 규칙을 찾아내면서 나에게 부족한 부분을 채워 넣고 고쳐주고 하는 거지. 아무 의미 없이 나열된 지식과 사물들을 한 차원 높은 곳에서 보면서 연결점을 찾는 것이라고 보면 돼.

　예를 들어 공부를 할 때도 먼저 공부하려는 과목의 전체적인 목차를 보고 흐름을 읽어낸 다음, 각 단원이 어떤 맥락으로 연결되어 있는지 파악하고 나서 공부를 하면 더 쉬워지지. 예습과 복습을 충실히 하면 이런 맥락이 더 잘 보이고, 반복 학습을 통해 메타인지 능력이 향상되어 장기적으로 기억하는 데 도움이 많이 돼.

　단어를 외울 때도 그냥 외우면 힘드니까, 단어 간의 규칙을 찾아보든가 이야기를 만들어서 연결 지어보면 훨씬 수월해져. 외우려는 단어를 이미 알고 있는 무엇인가에 빗대어 연상을 해 보는 거지. 그래서 암기과목을 공부할 때 곧잘 단어의 앞 글자만 모아서 외우기도 하고, 노래로 만들어서 외우기도 하는데 이런 게 메타인지 능력이야. 아빠의 투자책인 『딸아 주식 공부하자』를 '딸주공'으로, 『수민이의 미국 주식 투자 스토리』를 '수미투리'로 줄여서 기억하거나, 『다시 오는 기회, 미국 주식이 답이다』는 너무 기니까 '다미주답'이라고 부르는 것이 이 메타인지

능력을 키워서 외우는 방식이야. 조선시대 왕의 이름을 다 순서대로 외우기 힘드니까 산토끼 노래에 맞추어 '태정태세문단세 예성연중인명선 광인효현숙경영 정순헌철고순'이라고 불러보는 것도 이 메타인지로 암기를 하는 거지.

이야기로 한 묶음의 단어들을 외우는 방법을 예를 들어 볼까? 투자하고자 하는 회사가 테슬라, 룰루레몬, 나이키, 크록스, 도미노피자라고 하자. 이 단어들을 이용해 이야기를 만들면 '테슬라를 타고 체육관에 가서 룰루레몬을 입고 나이키를 신고 운동을 하다가 크록스를 신고 수영장에 가 수영을 한 뒤 배가 고프면 도미노피자를 먹는다'라고 만들 수 있는데, 이렇게 스토리를 만들면 외우기가 더욱 쉬워지지.

무엇보다도 새로 습득한 지식을 다른 친구들에게 가르쳐 보면 이런 메타인지 능력이 더욱 잘 길러질 거야. 가르치는 것은 최고의 배움의 방식이야. 누군가를 가르치기 위해서는 알고 있는 내용을 풀어서 설명해야 하기 때문에, 왜 그렇게 되는 것인지 찾으려고 노력하게 되거든. 전체적인 맥락 안에서 왜 그 부분을 가르쳐야 하는지도 보이게 되고. 그러면서 나에게 부족한 부분도 찾아지고 암기할 부분은 저절로 암기도 되면서 메타인지 능력이 많이 키워지지. 이렇게 메타인지 능력을 키우면 단순히 공부뿐 아니라 다양한 분야에서 성장하는 데 너에게 큰 도움이 될 거야."

"와, 오늘은 공부 잘하는 법도 배웠네!"

"좋지? 수민이는 이미 잘하고 있지만, 이렇게 메타인지 능력을 키우면 더욱 잘 성장하겠지!"

극복과 성장의
비밀

해야 할 숙제는 많지만, 나는 일주일 만에 하는 아빠와의 대화가 너무 흥미진진해서 전화를 끊기 싫었다. 밖을 내다보니 엄마는 할머니와 거실에서 대화 중이셨다. 한동안은 아빠와 더 대화를 나눌 수 있을 것 같았다. 그래서 나는 계속 궁금했던 것에 대해 아빠한테 질문을 던졌다.

"그럼 극복과 성장은 뭐야?"

"좋은 질문이야. 앞에서도 이야기했듯이 세상에는 도전할 것이 정말 많지. 무언가 이루려면 우선 시작해야 해. 시작이 반이라는 말도 있잖아. 중요한 것은 도전을 한다고 바로 끝나는 게 아니라 계속해서 연습하고 어려운 것들을 풀어내고 이겨내면서 성장하는 것이야. 보통 10,000시간을 쓰면 크게 성장한다고 하는 말이 있어. 이걸 아빠가 계산해 보니 약 5년 정도는 인내심을 갖고 노력하고 극복해야, 한 분야에서 최고가 될 정도로 성장을 할 수 있겠더라."

"5년이나!"

"맞아 5년! 길게 느껴질 수도 있지만, 정신없이 집중해서 노력하다 보면 생각보다 금방 흘러가는 시간이야. 이 5년 안에서도 성장 속도는 시기마다 차이가 있어.

수민이도 처음에 새로운 것을 시작하면 기대감에 설렐 거야. 그리고 조금씩 성장하는 스스로를 보면서 기쁘고 뿌듯한 마음이 들겠지. 하지만 1년 정도가 지나면 어떨까? 처음 시작할 때의 기쁨은 사라지고 반복되는 루틴에 지루하고 힘들어지는 시기가 올 거야. 성장의 속도가 점점 둔화되고, 이전과 같은 성장 효과를 내기 위해서는 더 많은 노력을 해야만 하는 시기가 오지. 이른바 권태기라고 하는 지루한 시기가 올 수 있어. 이때를 잘 넘어가야 해. 극복의 시기이지. 제일 중요한 건 인내야. 끈기 있게 포기하지 않고 몇 년을 더 노력하다 보면 실력이 더 증가하고,

어느 순간 그 분야에서 인정받을 정도로 전문가가 돼 있는 너를 보게 될 거야.

여기서 핵심은 그냥 버티는 게 아니라 조금씩이라도 더 나아지려고 노력해야 한다는 거야. 지루한 성장의 시기를 이겨내기 위해서는 여러 방법이 있지. 조금 더 성장의 속도를 내기 위해서 팀을 짜보기도 하고, 직접 가르쳐 보기도 하고? 투자를 해서 장비나 전문가 선생님의 도움을 받으면 조금 더 빠르게 성장할 수 있어.

이런 오랜 기간의 성장 과정 속에서는 유형이든 무형이든 좋은 결과물을 조금씩 생산하게 되는데, 그럴 때면 뿌듯함과 함께 보람을 느끼고 행복도 느끼게 될 거야. 물론 5년이라는 긴 시간을 투자한다고 해서 모두 다 사업에 성공하거나, 시험에서 1등을 하거나, 원하는 직장에 들어가거나 하는 성공적인 결과를 낳는 것은 아니야. 때로는 상황과 시대가 받쳐주지 않을 때도 있거든. 하지만 그렇게 긴 시간 제대로 노력해 본 사람은 그 시간 안에서 조금이나마 성장하기 마련이야. 중간 중간에 실패를 딛고 일어나면서 조그만 성공을 이루어내며 더욱 단단해지는 거지. 결국에는 안정적인 사업을 이루어내거나 자기에게 맞는 다른 좋은 직장에 들어가거나 전혀 예상치 못한 새로운 분야에서 더 크게 성공할 가능성이 높아지지. 운이라는 것은 그렇게 오랫동안 노력하며 스스로 만들어가는 거야.

아빠도 로스쿨 교수지만 경제 유튜버로 10만 이상의 구독자를 가진 채널을 혼자서 키워냈잖아. 유튜브가 크면서 여러 방송국에 출연도 하고 4권의 주식 책도 출판했지. 경제 기사나 잡지에 글을 기고할 정도로 전문성을 키워낼 수 있었고. 유튜브 경제 채널을 큰 방송사나 신문사들과 경쟁하며 혼자서 이만큼 키우고, 방송에 나가고 출판도 할 수 있는 전문가가 될 수 있었던 것은 노력의 결과라고 생각해. 각 분야에서 시험에 붙거나 성공은 못 했지만, 어려서부터 계속해서 관련 분야에 관심을 끊지 않고 꾸준히 노력했기 때문이지. 오랜 기간에 걸친 이러한 노력이 없었다면 개인이 운영하는 매체에 불과한 유튜브도 다른 누군가가 만들어놓은 정보만 전달하는 창의성 없는 빈껍데기가 됐을지도 모르지.

아빠는 대학교 때부터 외무고시를 준비하며, 경제학 공부를 꾸준히 해왔어. 대학교 4학년 때부터는 직접 주식 투자를 하며 주식 시장에 관한 공부를 꾸준히 했고. 대학원을 마치고, 미국 로스쿨로 유학을 와서는 기업 변호사가 되기 위해 회계와 금융, 세법 등을 꾸준히 공부했지. 나아가 교수가 된 지금은 국제 거래법과 인수 합병, 회사 금융 등을 가르치고 있어.

물론, 미국에 와서도 2008년부터 주식, 채권, 부동산 등 다양한 분야에서 투자 활동도 해왔지. 30여 년을 꾸준히 관련 분야 공부도 하고, 실전 경험도 쌓으면서 경제적 자유를 누릴 수 있을 정도로 자산도 모았어. 이러한 지식과 경험을 쌓아 2020년 12월에 경제 유튜브 〈반교수의 미국 투자 스토리〉를 시작하게 된 거지. 처음에는 쉽지 않았지만 5년 동안 꾸준히 포기 하지 않고 유지하고 있어. 다른 피디나 작가, 에이전시의 도움 없이 유튜브를 구독자 10만 명 이상의 큰 채널로 키워냈지. 그렇게 하면서 경제 지식과 통찰력이 늘어났고, 편집 기술과 라이브로 진행하는 능력과 소통하는 능력, 기획을 하고 글을 쓰는 능력, 동시통역을 하는 능력 등 다양한 지식, 능력, 기술들도 키울 수 있었어."

"와, 아빠는 대단한 것 같아! 유명 유튜버인 아빠가 자랑스러워!"

"하하하, 고마워 우리 딸.
아무래도 사회에서는 좋은 결과물을 낸 사람들을 높게 평가하기 때문에, 결과가 좋으면 모든 게 다 좋아 보일 때가 많아. 하지만 개인의 입장에서 본다면 결과에 상관없이 열심히 노력해서 한 분야의 전문가로 성장한 자신의 모습을 보면 뿌듯함을 느낄 수 있을 거야. 이것이 또 다른 성장의 발판이 되어줄 거고. 5년의 노력이 한 분야의 전문성을 낳는다면, 몇십 년이 흘러 이것들이 무수히 모이면 어마어마한 결과를 낳을 수 있지. 노력의 복리효과라고 할까. 이런 노력이 모여서 인생을 크게 바꿔 놓을 수 있다는 것도 잊지 마.

살다 보면 길은 생각보다 많은 곳으로 열려 있어. 당장은 지금 하고 있는 일이 어디로 이어질지 모를지라도, 노력을 통해 전문가로 성장했다는 것은 누군가를 가르칠 수 있는 능력도 길러졌다는 의미거든. 결과적으로 한 분야의 교육을 담당할 수도 있고 가르치면서 더욱 성장이 가능하지. 지금부터 노력해서 5년 정도 후에 변하고 성장한 자신을 보면 스스로 무척 행복하고 기쁠 거야. 아무것도 안 하거나 중간에 포기한 사람보다는 더 뛰어난 지식과 능력과 기술을 가지게 될 것이거든."

"와, 멋지다. 나도 2학년이니까 5년 정도 흘러 6학년이 되었을 때는 지금 시작한 모든 것을 정말 잘할 수 있게 되겠지?"

성장이 성공이다

"맞아. 일단 한 분야에서만 5년 정도 시간을 써보는 거야. 그럼 전문가로 성장하고 성공한 스스로의 모습을 보면서 자신감이 많이 생길 거야. 수민이는 벌써 많은 학원을 다니면서 다양한 활동을 하고 있잖아. 지금 하고 있는 것들만 꾸준하게 5년을 계속 해봐. 그때가 되면 아주 많은 분야에서 성장해서 전문가가 될 수 있겠어!"

"와~ 전문가가 되어 있을 나를 상상해 보니 벌써 설레어!"

"아빠는 인생에 있어 가장 중요한 시기가 인생이라는 마라톤을 시작하는 유치원과 초등학교 시기라고 생각해. 많은 것을 자유롭게 시도해 보면서 배울 수 있고 사고력과 창의력, 체력, 의사소통, 자연지능을 포함해서 다양한 지능들을 발전시킬 수 있는 좋은 시기이지. 인간의 뇌는 유치원생인 5살까지 전체 크기의 90%까지 성장을 한다고 해. 하지만 초등학교 시절인 6세에서 11세까지도 계속해서 발전을 하거든. 읽고, 쓰고, 계산하면서 인지능력도 많이 발전을 하지. 그러면서 신경망들이 연결되며 전달 속도도 빨라지고 더욱 효율적으로 변하는 거야.

중고등학교 때도 전두엽 부분이 더욱 발전을 하며 인지능력이 향상된다고 해. 그렇지만 한국에서는 중고등학교에 진학하면 바로 대학교 갈 준비를 해야 하니 이런 능력을 대학 입학시험과 관련된 과목들을 암기하고 이해하는 데만 쓰게 되지. 그 이외의 지능을 발전시킬 수 있는 분야에서 전문성을 키우기에는 시간이 현저히 부족해."

"아, 그렇구나. 지금이 가장 중요한 때인데, 나는 운 좋게 많은 것들을 시작할 수 있었네. 아빠 고마워!"

"고맙기는, 뭘. 아빠가 당연히 지원해 줘야지. 어린 나이에 5년 정도 시간을 써서 노력을 해보고 특정 분야에서 성장한 경험은, 앞으로 살아가면서 100세 이상까지 건강한 자존감과 자신감을 키워줄 거야. 한 분야에서 끊임없이 노력해서 얻는 경험은 말로 다 설명할 수 없지. 나중에 다른 무엇에 도전을 한다 해도 어릴 때 극복하고 성장해 봤으니, 같은 방식으로 5년 계획을 세워 새로 도전하는 일도 역시 쉽게 잘할 수 있을 거야. 성장하기 위해 노력한 경험과 성공의 기억, 거기에서 오는 자신감, 그에 따른 자존감의 상승은 삶을 살아가는 원동력이 되지."

"고마워, 아빠. 나 뭐든지 잘할 수 있을 것 같아."

결과에 집착하지 마라, 결국엔 다 쓰인다

"여기서 중요한 것은 아까도 얘기했지만 꼭 좋은 성공의 결과가 당장 나오지 않아도 된다는 거야. 실패하는 경우를 말하지. 사실 실패를 했을 때가 더 중요한 순간이야. 당장 결과에서는 실패를 했더라도 이를 위해 노력하고 성장하는 과정 가운데 얻은 것에 만족할 수 있으면 성공한 거야. 긍정적으로 생각해서, 경험을 통해 부족한 부분을 발견해 내고 그것을 보완할 수 있음에 감사해야 하지.

실패했다고 해도 실패라는 결과에만 부정적으로 집중해서 아무것도 남은 게 없다고 위축되거나 좌절할 필요는 없어. 사람 심리가 자꾸 실패하면 부정적인 쪽으로 생각이 흐르고 위축이 되어 절망하기 마련이거든. 하지만 생각해 봐. 5년이나 계속 도전하였고 넘어지면서도 포기하지 않았다는 것, 그리고 어찌 되었든 어느 정도 성장을 이루었다는 것은 무엇보다도 가치 있는 것이거든. 성장 자체가 성공이라는 거야.

발명가 에디슨은 전구, 축음기 등 무수한 발명품을 내놓은 대단한 발명가로 유명하지. 하지만 그런 결과를 얻기 이전에는 수십 년간 연구소에서 실패를 해왔어. 인류의 역사를 살펴봐도 그렇지. 지금까지 4차 산업혁명이 일어나는 동안 인류는 무수한 실험과 시도를 해왔고, 그 안에는 실패와 성공이 함께 있었어. 예전 같으면 영화에서나 볼 수 있었던 것들이 지금에 와서 실현되고 있는 데는 무수한 실패가 함께했었던 거야. 이문열의 『젊은 날의 초상』에 이런 말이 나오지. 절망은 인생의 끝이 아니라 새로운 희망의 시작이다. 대장장이가 철을 끊임없이 내려쳐서 칼을 단단하게 만들듯이 실패를 겪으며 너도 아주 단단한 사람이 될 거야. 실패 가운데 잘못된 점을 다시 발견하고, 그것을 다시 극복하면서 더 성장하고 완벽을 향해 가는 거지. 어떤 시련이 와도 굴하지 않고 다시 일어나는 힘이 생기는 거야. 그러니 성장이 곧 성공인 거야.

게다가 아빠가 살아보니 그 성장한 지식과 능력, 기술은 어디든지 알게 모르게 꼭 쓰이더라. 5년이라는 충분한 시간을 쓰고 실패했을 때는 그 실패를 통해 무엇을 배웠고, 무슨 능력이 생겼고 어디에 쓸 수 있을까를 생각해 봐. 메타인지 능력을 한 번 더 발휘해야 할 때야. 실패의 순간에서 결과에 집착하지 말고 계속 노력할지 더 이상 배울 것이 없는 분야인지 잘 판단해 봐야 해. 물론 성공적인 결과를 가져왔을 때도 그 분야에서 내가 계속 성장 가능한 것인가를 판단하는 것은 중요해. 해당 분야에서는 더 성장할 것이 없다는 생각이 들 때는 시야를 넓히거나 지금까지 쌓아온 능력과 기술을 활용할 다른 방향을 살펴보면서 새로운 길도 찾아보는 거야. 이전의 경험은 다시 시작할 수 있는 밑바탕이 되고 또 다른 기회를 가져다주지. 실패를 딛고 다시 도전하면 관련 분야에서 계속 성장을 할 수도 있지만, 지금까지 쌓아온 능력을 융합하여 사용할 수 있는 새로운 분야에서 다시 시작할 수도 있어. 실패한 경우에는 조급하게 생각하지 말고, 새로운 5년을 다시 계획하고 시작하면 장기적으로 더 나은 결과를 낳을 수 있지.

　아빠도 5년 정도 고시 공부를 하다가 실패한 적이 있어. 또한 새로운 길을 선택해서 대학원에서 석사 공부를 마치고, 유학 와서 로스쿨을 마치고 노력은 했는데 결과가 원했던 만큼 좋지 않은 경우도 많았지. 부모님이 빚도 지시고 은퇴자금으로 마련하신 돈까지 모두 써가며 유학을 나왔는데, 이민 문제까지 겹치며 미국 로펌에 안착하는 데 실패하고 인생의 막다른 곳에 다다른 적이 있어. 그럴 때는 한국에서 좋은 대학을 나오고 그냥 취직했으면 언어나 이민, 인종차별 문제 등은 걱정할 필요도 없었을 텐데 하는 생각이 들고는 했지. 그렇게 되면 부모님도 은퇴 걱정 없이 잘 사셨을 텐데 나는 왜 이렇게 무모했나 하는 생각도 들었고. 자존감도 바닥을 쳤지. 그때는 가는 길마다 막힌 것 같고, 어디로 가야 할지 방향을 잃고 갈 곳을 잃어버리기도 했어. 인생이 지그재그처럼 왔다 갔다 하지만, 어떤 큰 줄기나 빛을 찾지 못하고 끝없이 목적도 없이 깜깜한 터널을 지나는 것 같았지."

"아빠, 너무 슬퍼. 고생 많았네."

"응, 다시 생각해도 눈물 날 것 같아. 그때는 운전하다가도 눈물을 흘리며 '하느님 왜 저를 버리셨습니까?' 하고 울부짖기도 했지. 마치 성경에서 다윗이 그랬듯이.

하지만 거기서 좌절하지 않았어. 그때 아빠는 미국의 로스쿨에서 법학을 공부해서 변호사가 되어 있었고, 회계 금융 등 다양한 공부도 했고, 영어 실력도 상당히 늘어 있었어. 결과와 상관없이 아빠는 새롭게 다시 5년 정도를 보고 계획을 세우고 다시 일어나 추진했지. 이민 문제도 해결할 겸 학교로 돌아가서 아는 선배의 조언으로 법학과 결합할 수 있는 IT 정보학 쪽에서 석사 학위를 하나 더 따기로 했지. 두 학위를 합치면 교수가 될 수 있는 길이 열릴 수 있다고 들었거든.

학장을 몇 달간 찾아가서 법학박사J.D. 학위를 어필하며, 원래 석사 학생들에게는 안 주는 티칭 조교 자리를 따냈어. 그렇게 등록금을 면제받고 오히려 한 달에 1,000불 정도를 받으면서 학교를 다닐 수 있었어. 새로운 공부를 하며 기술 정보, 웹디자인, 교육 통계, 프로젝트 매니지먼트 등 다양한 공부를 할 수 있었고. 그렇게 하다 보니 여름 학기까지 포함 1년 반 만에 졸업까지 이뤄낼 수 있었어. 졸업 이전에 마이애미 대학교에서 교수 잡job을 제안받기도 했지. 2008년 리먼 브라더스 국제 금융위기가 터지기 직전이었는데 운도 좋았던 것 같아. 그 이후 몇 년간은 학교들도 재정이 어려워져 채용을 멈추고 임금을 삭감하던 시기였거든."

"와, 불사조처럼 다시 일어났네! 아빠 멋져!"

"하하, 불사조! 불사조라니, 최고의 칭찬인데! 주변에서 사막에 떨어뜨려 놔도 잘 살 수 있는 사람이라고들 했는데, 듣고 보니 정말 불사조 같았네. 하하하."

실패 후
다시 일어나기 위해서는...

"나도 사막에서도 살아남는 불사조가 되고 싶어! 그런데 아빠 나에게도 실패와 절망의 순간이 올까? 어떻게 이겨내야 할까?"

"좋은 질문이야. 실패 후 다시 일어나기 위해서는 다시 5개년 계획을 세우고 실천하는 것도 중요하지만, 다시 차가 움직이게 만드는 스위치 같은 정신력이 정말 중요하다고 봐. 옛날에는 집집마다 지하수를 끌어 올리는 펌프가 있었거든? 이때 지하수를 끌어 올리기 위해서는 마중물이라는 것이 필요했어. 펌프로 물을 끌어 올리기 전에 미리 한 바가지의 물을 붓는 것을 말하지. 지하수를 펌프로 끌어 올릴 때 마중물이 필요하듯이, 살길을 찾아 나가기 위해서는 정신력이 중요해. 수년 간의 노력이 거품이 된 경우에 다시 일어나기란 정말 힘들거든. 그럴 때는 주변에서 정신적, 물질적 도움을 받아서 다시 시작하기 위한 마중물을 마련하려고 노력해야 해. 도서관이나 서점에서 위인전이나 자기계발서같이 용기를 불어넣어 줄 책을 찾아 읽어보는 것도 좋지.

또한 마중물이 마련되었으면 마중물을 붓고 힘차게 펌프질을 해야 해. 이때 중요한 것은 일단 자신감을 찾는 거야. 다시 할 수 있다는 자신감을 찾기 위해서는 성공을 체감할 수 있는 작은 도전을 먼저 해보는 거야. 운동같이 작은 것부터, 자격증 시험 같은 목표를 세워서 달성해 보는 거지. 그러면 자신감이 생기기 시작하거든. 몇 번 작은 성취를 맛보면 새로 시작할 작은 불씨가 다시 타오르기 시작할 거야.

그다음에는 시대의 흐름과 나의 삶의 목적과 세부 목표들을 메타인지적으로 다시 한번 파악하려고 노력해 봐. 이를 위해서는 도서관에 있는 전문 서적들이 도움이 많이 될 거야. 5년이면 시대의 흐름이 조금은 바뀔 수도 있거든. 지금까지 5년간 해왔던 것이 옳은 길이었나, 지금까지 성장한 내 능력과 지식, 기술로 살 수 있는 더 나은 길이 있을까, 더 큰 성장을 할 수 있는 길이 있나 끊임없이 생각하고 고민해 보면 좋아. 아빠는 이런 고민을 할 때 주로 산책을 하고는 했어. 산책을 하면 발이 자극되어 좌우뇌로 뇌파가 잘 전달된다는 물리적인 이점도 있지만, 계속 생각하다 보년 희한하게 생각지도 못한 답이 나올 때가 많거든.

앞에서도 살짝 이야기하기는 했지만, 아빠는 대학교 때 외무고시 공부를 휴학까지 해가며 5년 정도 하다 실패한 경험이 있어. 법, 경제, 정치, 세계사, 국사, 영어, 불어 등 다양한 공부를 해야 했거든. 학교와 학원에서 수업을 듣고 신림동 고시촌에서 아침부터 밤까지 공부만 하며 정말 열심히 했지만 결과가 좋지 않았지. 한번은 답안지를 밀려 쓰는 실수를 해서 떨어지는 바람에 1년을 그냥 버린 적도 있었어.

대학교를 마칠 때쯤에는 이미 외교부 공무원이 된 선배들이 있었거든? 그런데 그분들과 대화를 해보니, 그때 당시 외무부의 5급 공무원들이 4급으로 승진하는 데는 평균 14년이 걸리고, 대사가 되기까지는 30년 이상이 걸릴 수 있다는 거야. 우스갯소리로 6·25전쟁 때 일하던 사람들이 아직도 일하고 있다고 할 정도로, 외교부는 한번 들어온 사람이 오래 일하는 것으로 유명했거든.

그래서 다른 방향으로 생각을 해보았어. 외무고시를 보는 것보다 국제법 대학원에 가서 공부를 더 하는 게 낫지 않을까? 그렇게 하면 공부도 더 많이 해서 지식도 늘고 박사 학위도 딸 수 있고 교수가 될 수도 있는데. 그렇게 되면 같은 국제법 분야에서 외교부에 조언을 해줄 수 있는 사회적 위치에 더 빠르게 올라갈 수 있을 것 같았거든. 실질적 외교 활동은 못 해도 간접적으로 자문을 통해 도움을 줄 수 있게 말이야. 나아가 존경도 받는 위치로 올라갈 수 있다는 판단이 들었어. 그래서 방향을 바꿨고 결국 지금 그렇게 되었지.

국가의 외교 활동을 지원한다는 목표는 같지만 큰 그림을 보니 다른 길이 있었던 거지. 그래서 대학 졸업을 앞둔 시기였지만 방향을 바꾸기로 했어. 수많은 지원자 중 30여 명만 뽑는 데다가 1년에 한 번 열리는 시험이라 실수하면 리스크가 크고, 1차에 합격한다고 해도 다음 해까지 2차를 준비해야 하고, 시험에 합격하더라도 최고의 위치인 대사에 올라가는 데 수십 년의 시간이 더 걸리는 공무원의 길은 내 길이 아닌 것 같다는 생각이 들더라고. 불어를 전공했으니, 미국, 프랑스, 일본 등 큰 나라로 가면 좋지만 아프리카 같은 곳으로 가면 고생도 많이 할 테고. 그래서 그 길에서 벗어나 대학원에 가서 공부를 하고 나의 지식을 더 심화하여 성장하려고 노력했지.

결국 유학 생활을 무사히 마친 후 지금은 미국 로스쿨의 종신 교수가 되었어. 40대 후반에는 주변에 대사 지인들도 많이 생기고, UN대사관에서 초청을 받거나 발표를 하기도 하고, 자문도 해주었지.

미국 로스쿨을 나왔기 때문에 중간에 잠시 변호사 활동을 하며 새로운 길에도 5년 정도 도전을 해보았어. 하지만 이민 문제 등으로 5년 정도 노력한 만큼 결과가 나오지 않아서 실패했고, 학교로 다시 돌아가게 된 거야. 물론 변호사의 길을 걷는 동안 국제 거래, 사업법 등 법학 지식과 적용 능력은 더 늘었으니 그 시간을 통해 얻은 것은 많아. 또 미국 변호사로 일하면서 변호하고 협상하고 연구하고 자문하는 능력을 키울 수 있었어. 물론 소통하고 대화하는 능력과 영어 실력도 많이 늘었지.

실패했다고는 하지만 고시 공부부터 한국 대학원을 다니면서 쌓은 경험들, 미국 로스쿨과 일반 대학원 유학에서 배웠던 지식과 능력, 기술들이 모두 지금 유용하게 쓰이고 있어. 논문을 쓰거나 발표를 할 때, 수업을 할 때 등 아빠의 직업에 고루고루 사용하고 있지. 1993년 대학교 입학 때부터 2008년 처음 교수가 될 때까지의 15년의 시간이 아빠에게는 아주 소중한 시간이고 실패와 극복을 반복하면서 성장하며 단단해지던 시기였어. 물론 지금까지도 성장은 멈추지 않고 있고. 그래서 아빠는 누군가 옛날로 돌아가고 싶냐는 질문을 던지면 항상 '노no'라고 대답을 해. 실수와 실패는 있었지만, 그때마다 최선의 선택으로 잘 극복하고 성장했기 때문에 아빠에게는 소중한 시간이었어. 다시 돌아가도 똑같이 했을 것 같아."

"나의 삶의 목적과 목표가 잘 세워져 있어야 하는구나. 나도 오늘부터 산책하면서 곰곰이 생각해 볼게."

"그래, 우리 딸. 장하다!"

실패의 원인이 인간?
절망 극복법

오늘은 아빠의 이야기가 너무 흥미진진해서 통화를 끝내고 싶지 않았다. 엄마는 가끔 방에 기웃거렸지만 대화에 열중하고 있는 모습을 보더니 아빠와의 대화를 계속 허락해 주었다.

"그런데 나한테도 절망이 올까? 절망이 주변 사람에게서 오면 어떻게 해? 요즘 나를 무시하는 친구들이 있어. 자신감이 회복이 안 되면 어떡하지?"

"오겠지. 하지만 부정적일 필요는 없어. 항상 긍정적으로 '잘 될 거야! 괜찮다! 나는 최고다! 나는 위대하다!' 하면서 자존감도 높이고, 스스로를 위로해 주어야지. 아빠는 영어로 'I am ok. I will be Fine.'이라는 말을 자주 하곤 해. 그리고 절망이 올 수 있는 위험은 언제든 있으니, 미리 이를 가정하고 준비를 해놓는 것도 좋겠지. 위험을 준비하는 사람이 현명한 사람이야. 만약 우리 딸에게도 절망적인 순간이 온다면, 이렇게 해봐. 조금 더 구체적인 방법을 알려 줄게."

"알았어."

"우선 절망의 원인이 무엇인지를 잘 분석해 봐. 그건 사람에게서 오는 것일 수도 있고, 상황에서 오는 것일 수도 있어. 그 원인을 먼저 파악해서 스스로 노력하거나 또는 누군가의 도움을 받아서 해결 가능한 문제인지 잘 분석해 보는 게 좋아. 일단 해결 가능하면 모든 방법을 써서 해결해 봐야지.

사람과의 문제라면 용기를 내서 기도하고 사랑을 담아서 대화를 해보도록 노력해 봐. 미워하고 화난 감정을 없애기 위해 기도를 하면 이성적으로 다시 생각하게 되고 게다가 사랑까지 담을 수 있거든. 사랑을 담으면 의외로 문제들이 잘 해결되는 경우가 많아. 사랑을 담아 소통이 시작되면 나의 의사와 상황이 상대방에게 잘 전달되면서 상대방도 이해하게 될 거고. 나만 힘들어하고 상대방은 모르는 경우도 많거든. 네가 어떻게 느끼는지를 솔직하게 전달하면 상대방은 의외로 흔쾌히 받아들여 바뀌기도 해.

이렇게 다방면으로 직접 소통을 시작했는데도 해결이 안 되면 누군가의 중재를 통해서 해결해 봐. 청소년기나 대학교 때, 사회생활 초년기에는 아직 경험이 부족하여 미숙하기 때문에, 인간관계가 마음 먹은 대로 안 될 때가 많아. 이럴 때는 선생님이나 교수님 같은 인생의 선배들에게 상의하면 너의 절망과 부족함의 원인을 객관적으로 찾아서 해결하는 데 도움을 줄 수 있어.

직장 생활에서도 피터의 원칙 peter principle[1]처럼 사회 초년생들은 상위 그룹의 행정 정치 능력이나 의사소통을 못 따라가는 경우가 많거든. 따라서 상급자나 경험이 많은 선배들에게 도움을 청하는 것이 좋아.

감추면 안 돼. 일단 도움을 줄 수 있는 사람에게 말을 해야 해. 불이 너무 커져 모든 것들을 태우기 전에 초기에 불을 진압하는 게 중요해. 술을 마시며 친구들이나 동료들에게 털어놓으면 잠시 잊고 마음을 위로해 줄 수는 있지만 궁극적으로 문제를 해결해 주지는 못해. 솔직하게 아빠나 엄마한테 얘기하는 게

---

[1] 피터의 법칙은 조직 내에서 구성원들이 자신의 무능력이 드러나는 수준까지 승진한다는 경영 이론으로, 1969년 로런스 피터 교수가 제시했다. 이 법칙은 유능한 직원이 승진하면서 새로운 직책에 필요한 능력 부족으로 결국 자신의 능력 한계에 도달하게 되는 현상을 설명하며, 이는 조직의 계층 구조에서 모든 사람이 결국 무능의 수준까지 승진하게 된다는 것을 의미한다. 따라서 자신의 잠재력에 맞추어 새로운 역할을 계속 맡아야 한다는 것을 제시하였다.

제일 좋아. 우리가 너에게 도움이 될 만한 사람을 더 잘 찾아 줄 수도 있고. 전문가이며 문제를 해결할 수 있는 능력이 있는 제3자의 도움으로 해결해 보려고 노력도 해보는 거지. 아마 전문가의 인사이트로 문제의 원인을 찾아 의외로 문제가 쉽게 해결될 수가 있어.

그래도 문제가 잘 해결 안 된다면, 시간이 지나면 해결될 가능성이 있으므로 조급하게 해결하지 말고 인내심을 갖고 버티면서 기다려봐. 직장과 같은 사회 조직에서는 싫은 사람이 있어도 최대한 감정을 배제하고 일에 집중하려고 노력하는 게 좋아. '일과 개인적인 감정을 섞지 말자'라고 속으로 외쳐보는 거지. 그렇게 오랫동안 노력해도 못 견디겠으면 용기 있게 그 관계를 정리해야겠지.

다른 좋은 방법은 지금의 문제를 큰 문제라고 생각하지 않는 거야. 이를 아주 작고 사소한 문제로 간주하고, 동시에 잊으려고 노력하는 것도 좋아. 상대방은 크게 생각하지 않는데 괜히 나만 조바심 내며 집착하여 큰일로 만들어버리는 경우도 있거든. 상대가 크게 다루지 않으면 그대로 작은 일로 여기고 너도 무시하고 할 일을 하는 것도 좋아. 역시나 시간이 지나면서 자연스럽게 잊히기도 해. 빨리 잊으려고 노력하고 다른 좋은 일들을 더 많이 생각해 보고, 자신의 장기적인 인생 목적과 계획들에 집중하려고 노력하는 게 좋지. '똥개야 짖어라 셰퍼드는 달린다'라는 말도 있잖아."

"하하하. 너무 웃기는 말이네."

"이렇게 모든 노력을 했음에도 문제가 해결되지 않고 자꾸 거기에 대해서 집착하다 보면 스트레스가 커질 수밖에 없어. 심해지면 정신적인 문제나 우울증으로 발전하기도 하기도 하는데, 그런 경우면 그전에 관계를 정리하고 새로운 곳에서 도전을 시도해 보는 게 낫겠지. 일단 큰 결정을 내리기 전에 심리 상담사의 도움을 꼭 받아보도록 해. 미국에서는 대부분의 직장인은 심리치료나 상담을 받는 게 자연스럽고 일반화되어 있어. 상담을 통해 나를 다독이다 보면 다시 정상적인 직장 생활이 가능하거든. 아빠는 기도를 하며 종교적으로 신께 도움을 받는 것을 제일 좋아하는데 성령께서 함께하시면 용기도 생기고 정신적으로 많은 평화를 가져다주지.

새로운 시작을 하려면 나쁜 기억을 일단 잊어야 해. 일단 잠을 충분히 자려고 노력하는 게 좋아. 잠을 자는 동안 인간의 단기 기억은 장기 기억으로 변환되는데, 그러면서 불필요한 기억은 어느 정도 정리가 되며 잊히거든. 특히 이때 부정적인 기억에서 오는 우울하거나 슬픈 감정의 강도가 많이 약해지는 것을 느낄 수 있을 거야. 부정적인 감정이 클 때는 잠이 잘 오지 않을 수도 있는데, 이

때 술 같은 것에 의존하기 보다는 산책이나 가벼운 운동을 추천해. 오전에 나무가 가득한 야외에서 산책이나 운동을 하면서 햇빛을 받으면 멜라토닌이 잘 형성되어 밤에 잠이 잘 올 거야.

　마지막으로 절망적이라고 집에만 있지 말고, 무조건 밖으로 나가서 운동을 꼭 하려고 노력해야 해. 운동은 엔도르핀 등 좋은 호르몬을 솟게 하여 정신적으로나 육체적으로 많은 치료를 해줄 거야. 유산소 운동과 근력 운동을 병행하면 삶이 다시 활력을 찾게 하고 추진력도 생기게 되겠지. 당연히 몸이 좋아지면서 자존감도 많이 올라갈 거야. 우선은 가볍게 자연 속에서 산책을 하며 시작하는 것도 좋아. 산책을 하면 좌뇌와 우뇌 사이에 뇌파가 활발하게 전달이 되면서 많은 생각들이 정리가 되고 풀리지 않던 문제의 해결책이 나오기도 하지."

"아, 그렇구나! 지금 하는 수영을 꾸준히 해야겠어! 아빠 내가 알아야 할 다른 건 없어?"

"음, 오늘은 통화가 길어지네. 숙제해야지. 엄마한테 혼나겠다!"

"응, 그래. 그러면 여기까지 해야겠다. 아빠 사랑해!"

"응 나도 사랑해. 다음 주에 만나!"

벌어지는 격차, 인생의 복리효과

일주일 동안 나는 변함없는 일과를 보냈다. 가끔 보는 하늘은 파랗고 예쁜 흰 구름도 보였다. 학교 갔다가 끝나면 학원에 가서 공부를 하고, 집에 와서 책을 조금 읽고 쉬다가 씻고 잠에 들었다. 요즘은 학교나 학원에서 친구들과 만나서 얘기하는 시간이 제일 좋고, 새로운 것을 배워나가는 것도 정말 즐거웠다. 최근에는 논술 시간에 일기를 쓰라고 해서 실천하고 있는데, 일기를 쓰면 나의 삶을 돌아보고 정리할 수 있어서 좋다. 또 요즘에는 책을 읽고 읽은 책을 친구들과 얘기하며 토론하는 것이 제일 즐겁다.

오늘은 토요일 아빠와 통화를 하는 날이다.

"아빠! 잘 지냈어?"

"그래, 수민아! 잘 지냈지. 요즘 뭐가 제일 재밌어?"

"응. 논술하고 미술! 음, 그리고 수영."

"아~ 재밌겠네! 잘 성장하고 있구나! 오늘은 인생의 복리 효과에 관해서 얘기해 볼까?"

"인생의 복리효과! 그게 뭐야?"

"지난번에 5년 정도 한 분야에서 열심히 노력하고 극복하면서 성장하면 전문가가 될 수 있다고 했잖아. 단순하게 5년을 쓰면 전문가가 될 수 있는 가능성이 있다고 하고, 인생을 100살까지 산다고 가정하면, 살면서 20번 정도 전문가가 될 수 있다는 계산이 나오지. 유치원까지의 5년과 중고등학교 5년 정도를 제외하면 18번 정도 가능하지 않을까 해. 물론 여러 개를 동시에 하면 더 많은 분야에서 전문가가 될 수 있고. 결론적으로 사람에게는 인생에 꽤 많은 기회가 있어. 물론, 건강을 잘 유지해서 큰 병에 걸리지 않고 100살 이상까지 살아야 한다는 조건이 있지. 건강에 대해서는 나중에 조금 더 얘기해 볼게.

명심할 것은 18번 정도의 인생의 기회가 있기는 한데, 모든 기회가 같은 것은 아니라는 거야. 어렸을 때의 기회를 잡는 게 인생에서는 훨씬 더 유리한 성장을 가져온다는 것을 알아야 해. 초등학교 때부터 성장을 위해 노력을 하는 것과 아닌 것은 인생에서 많은 차이를 가져오게 될 거야. 이는 복리효과 때문이야."

"복리효과? 그건 돈과 관련된 거 아니야?"

"맞아. 돈이 많아져서 파이가 커지면 그 이자율의 효과도 커진다는 개념이지. 경제적 복리효과는 나중에 경제적 자유에 관해서 얘기할 때 더 자세히 이야기해 줄게. 지식도 능력도 기술도 마찬가지야. 어렸을 때부터 노력을 많이 해서 책을 많이 읽고, 경험도 많이 하고, 배우면서 성장을 한 아이는 기본 지식과 능력, 기술이 폭넓게 잘 갖추어지기 마련이야. 이렇게 되면 다른 능력과 지식, 기술을 습득하기 더 좋은 몸과 두뇌, 마음 상태로 변하지. 초등학교에서 최소 5년간 여러 분야에서 성장하여 높은 수준의 능력과 지식이 생긴 아이는 복리효과를 거두며 새로운 분야에 쉽게 적응하고 더 빠르게 성장을 하게 되는 거야. 아주 어린 나이에 톨스토이의 책을 읽는다면 이해가 어렵지만, 어른이 되고 나면 이해가 잘되고 술술 읽히지. 이건 그 시간 동안 한 사람이 많은 지식을 쌓고 경험을 했기 때문이지.

교육학에서는 이걸 건설_{constructive} 이론이라고 하는데, 조금 어렵지. 마치 햄버거를 쌓아 올리거나 건물을 쌓아 올린다고 생각하면 돼. 바닥을 튼튼하게 다져 놓으면 그 위에 다른 지식과 능력들을 차곡차곡 높게 쌓아 올릴 수 있게 되지. 어릴 적부터 수학의 기초를 다져놓으면 나중에 대학교에 가서 경제학을 더 쉽고 빠르게 이해할 수 있지만, 기초가 없으면 경제학을 배우는데 어려움을 겪게 되는 것과 비슷해. 어려서 줄넘기, 육상, 수영 등을 통해 기초체력을 잘 키워놓으면 커서도 다른 운동을 쉽게 체득할 수 있게 되고. 아무것도 안 하고 노력도 하지 않던 사람이 갑자기 뭔가를 시작한다고 해서 이미 여러 분야에서 노력해서 쌓아 올린 사람보다 더 성공하긴 힘들겠지."

"아, 그렇구나!"

"초등학교 때 노력을 안 하면, 중고등학교에 가서 여러 과목을 이해하는 데 어려움을 겪을 수밖에 없어. 자연스럽게 대학교와 선택할 수 있는 전공 분야가 좁아지고, 졸업 후 사회에서 할 수 있는 역할의 선택 폭도 좁아질 거야. 이를 극복하기 위해서는 다른 사람의 몇 배나 되는 노력이 필요하기 때문에 어렵지.

그러니 마라톤 인생의 초년기에 지식과 능력과 기술의 습득이 늦어지면, 사회에서 할 수 있는 역할이 굉장히 좁아지게 되고 그만큼 성장할 수 있는 기회도 줄어들게 되는 거야. 도움을 줄 수 있는 사회 인맥도 좁을 거고. 단순 노동력을 요구하는 직업을 택하거나 자금을 모아 상업이나 자영업을 할 수는 있는데, 그 분야에서도 일찍 경험을 하고 능력과 기술을 쌓아놓지 않으면 경쟁이 치열해서 성공하기가 어렵지.

　요즘같이 4차산업 혁명시대의 영향으로 로봇과 인공지능, 온라인 상거래의 이커머스_{e-commerce} 등 사회가 급속도로 빠르게 변화하는 시기에는 일찍부터 지식, 능력, 기술을 습득하여 지속적으로 키워놓지 않으면 더욱 경쟁이 어려워지지. 경제적 복리효과처럼 인생의 복리효과도 일찍 시작할수록 유리하다는 것을 잊지 마. 따라서 어린 나이에 최대한 성장을 많이 해놓는 게 이삼십 대에, 혹은 그 이후에라도 어렵지 않게 성공을 하는 비결이 될 거야."

"알겠어, 아빠. 인생의 복리효과!"

"만약 경제 사회적 여건, 동기 부족 등의 이유로 지식, 능력, 기술의 초년기 바닥 건설에 실패했다고 해도 주저앉아 후회만 하고 있으면 안 돼. 어렵겠지만 여건이 된다면 처음부터 다시 시작하면 되거든. 일찍 시작하면 일찍 빛을 보겠지만, 어려워도 늦게 시작해서 늦게 빛을 볼 수도 있거든. 물론 여기에는 미리 쌓아놓지 못한 만큼 어마어마한 노력이 필요하겠지. 노동력에 비해 돈을 높게 주는 고부가가치 산업의 일을 하고자 하면, 40대든 60대든 상관없이 처음부터 다시 시작하는 거야. 과학기술의 발달로 150세 시대를 넘어 200세 시대가 오고 있거든.

다시 시작하는 경우에는 지식과 능력의 초기 기반부터 다시 잡아 나가야 해. 새롭게 도전을 하기 위해 학생의 마음으로 도서관에 가서 책을 읽고, 다시 학원에 다니며 공부를 시작하는 거야. 물론 시작한다고 해도 어렸을 때만큼 두뇌 회전이 빠르지 않고 스태미너가 부족해서, 나이가 들수록 더 어려워지고 시간도 더 걸릴 수도 있어. 새로운 도전과 극복과 성장은 더 많은 에너지를 요구하게 될 거야. 그래도 이겨내야지. 이미 어린 시절부터 많은 것들을 쌓아서 일찍 성공한 친구들과는 비교할 필요가 없어. 그들을 인정하고 나는 나의 삶을 살아가면 돼. 내 스스로의 인생에 새로운 길을 걸어서 인생의 마지막에 후회하지 않겠다는 마음으로 꿋꿋이 걸어가면 돼."

"아, 그렇구나. 실패해도 걱정이 없네. 다시 일어나면 되니까. 그래도 나는 아직 어리니까 지금부터 열심히 할 거야. 아빠 말 들으니까 지금 더 열심히 해야겠다는 생각이 드네. 4차 산업혁명 시대인데 그럼 어떤 분야가 좋을까?"

4차 산업혁명 시대의 유망 직업과 이 사회의 성공 공식

"4차 산업혁명 시대는 빠르게 발전하고 있어. 오픈에이아이의 지피티 GPT나 구글의 제미나이 Gemini 같은 생성형 인공지능들이 나오기 시작하면서 창의적인 인간 영역에까지 진출하고 있지. AI가 글을 쓰고, 논문을 작성하고, 그림을 그리고, 코딩을 하며, 동영상과 3D 세계까지 구현해 내고 있어. 휴머노이드 로봇들과 자율주행 차량들도 나오며 단순하고 위험한 노동력들은 대체되고, 다양한 분야에서 인공지능들이 인간의 역할을 대체하고 있지. 노동의 종말처럼 인간 노동력의 상당 부분이 이전의 혁명들과는 다르게 대체되고 있고, 많은 회사가 일자리들을 없애나가고 있어. 이런 상황에서 앞으로 어떤 직업을 가져야 하느냐는 가

장 시급하고 중요한 문제라고 볼 수 있어."

"맞아. 나도 고민이 많아."

"하하. 아빠가 고민을 많이 하고 있으니, 우리 딸은 우선 다양한 분야에서 골고루 기본 지식, 능력과 기술들을 습득하고 있는 게 좋겠어. 4차 산업혁명과 관련한 다양한 직업들이 앞으로 10년 정도면 거의 정리가 되고 없어지고 할 테니까, 수민이가 대학교에 들어갈 때쯤이면 더 명확한 시대의 흐름이 보일 것 같아. 조금만 더 지켜보며 일단은 다양한 분야에서 성장을 해보자."

"알았어, 아빠."

"명심할 것은 이 사회에서의 돈과 명예만을 기준으로 한 결과적 성공이 반드시 행복을 가져다주지는 않는다는 거야. 돈도 명예도 시간이 지나고 은퇴하면 다 의미 없는 일이지. 물론 성공이 무엇인지에 대해서 먼저 정의를 내려야겠지만, 일단 자본주의 사회에서는 성공을 돈을 많이 벌거나, 존경받고 인정받는 위치에 오르는 것이라고 말하는 경우가 많아. 이는 그 안에 비교를 가정하고 있는 거고, 이런 판단은 결코 자신을 행복하게 만들어주지 않아. 돈을 잘 벌어 잘 투자하여 경제적 자유를 이루겠다는 목표를 가지고 스스로 만족하며 자유를 이룬다면 행복을 가져다주지만, 돈을 많이 벌어 크고 좋은 집과 호화로운 차로 남들에게 자랑하겠다는 목적이면 결코 행복하지 않을 거야.

행복한 직업 선택에 대해서는 나중에 자유에 관해서 이야기할 때 더 얘기하겠지만, 현재 자본주의 사회에서 성공하기 위해 사람들이 가장 중요하게 여기는 분야는 안타깝게도 돈과 명예를 기준으로 하고 있어. 2025년 기준으로 한국에서 아직 인기 있는 분야와 돈을 많이 버는 직업은 대기업 CEO, 인기 연예인, 스포츠 스타, 최고 인공지능 개발자, 대기업 간부, 의사, 한의사, 대학 총장, 기업 사장, 변호사 과학자 같은 전문직, 고위 공무원, 교수, 교사 등이야. 남들이 보기에 좋은 이런 직업들은 성공 방정식이 있는데 어려서부터 대치동 같은 곳에 좋은 학원에 들어가 좋은 대학에 진입하기까지의 피나는 노력과 성장이 필요하지."

"와, 성공 방정식 신기하다."

"맞아. 『꽃들에게 희망을』이라는 동화에 나오듯 남들이 하는 대로 방정식을 따라가면 사회가 보기에 높은 산 정상까지 올라갈 수 있는 성공을 거두게 되지.
하지만 많은 사람이 간과하는 것은 사실 남들이 보기에 좋은 자본주의적 성공은 반드시 행복을 가져다주진 않는다는 거야. 높은 산정상에는 뒤로 절벽이 있어, 자칫 누구나 떨어질 수 있다는 것을 간과할 때가 많지. 물론 4차 산업혁명 시대에 지금은 좋아 보이는 직업이 사라질 수도 있고.

예를 들면 의료 분야에서는 인튜이티브 서지컬Intuitive Surgical의 다빈치Davinci처럼 로봇이 수술을 집도하기도 하고, 인공지능이 의학적 소견을 제시해 주기도 하면서 많은 개혁이 이루어지게 될 거야. 객관적 판단을 할 수 있는 인공지능 판사가 나오면 법률 직업들도 위협을 받을 수 있고. 요즘은 컴퓨터 코딩을 인공지능이 더 잘해서, 컴퓨터 공학을 전공해도 취업하기가 힘들다고 하거든? 테크 회사들은 인공지능보다 더 코딩을 잘하는 경력직만을 채용한다고 해.

행복은 돈과 명예라는 결과보다는 지속적 성장과 자유와 사랑에서 종합적으로 오는 거야. 대형 로펌의 변호사들이 이혼을 많이 하고, 의료 종사자들의 자살률이 더 높다는 것 알고 있어? 직업이라는 성공 이외에 인생의 궁극적 목표인 행복은 한 차원 높은 다른 것들을 요구하지.

결론적으로 남들에게 보여주기 위한 직업이나 이 시대에 인기 있는 직업은 다음 세대에는 없어질 수도 있고, 당장의 행복과는 큰 상관이 없기도 해. 이왕이면 고부가가치 산업, 다시 말하면 같은 노력으로 더 많은 가치를 주는 가성비 좋은 직업을 갖는다면 물론 좋긴 하겠지. 하지만 그것보다 더 중요한 것은 본인이 만족하고 자존감을 높일 수 있는 직업을 갖는 거야. 그편이 너를 더 행복하게 해줄 거야. 직업 소명설처럼 본인이 천직이라고 생각하는 직업이 너를 더 행복하게 만들어줄 거야. 아빠가 강조하는 것은 원하는 분야에서 만족할 수 있으면서, 소명이라고 생각하고 최선의 노력을 할 수 있는 직업이 좋다는 것이야. 어떤 직업을 가져도 시간을 가지고 노력을 꾸준히 하면 그리고 검소하게 살며 투자를 잘하면, 경제적 독립도 이루고 자유로운 삶을 살고 행복해질 수 있음을 명심해."

"응, 알았어. 명심할게."

시간을 늦추는 자가 행복하다

"수민아 이제 시간에 관해서 얘기해 볼까? 시간은 마라톤인 우리 인생의 목적을 잡고, 목표들을 세울 때 가장 중요하게 생각해야 하는 부분이야. 성장의 기간과 경제적 자유를 달성하는 기간, 그 자유를 즐기고 은퇴 이후의 행복한 삶까지도 결정할 수 있는 중요한 요소이지. 시간이 뭐라고 생각해?"

"시간은 시계로 보는 거지. 해가 뜨고 지면서 흘러가는 그런 것?"

"맞아, 그런 게 시간이지. 하지만 시간은 상대적인 것이야. 시간은 크로노스chronos와 카이로스kairos로 나눌 수 있어. 카이로스는 기회나 결정적인 순간이라고 볼 수 있어. 특정한 행동이나 결정을 하는 데 가장 특별하고 완벽한 순간으로, 질적인 시간을 나타낸다고 봐. 신께서 주시는 종교적인 맥락에서도 쓰이고 우리 삶에 가장 중요한 행복의 순간들을 나타내기도 하지. 우리 딸이 말하는 흘러가는 시간은 양적인 개념의 크로노스야. 우리는 매일 시계를 보면서 얼마의 시간이 흘러갔네, 몇 시간을 썼네 하면서 측정을 하지. 이런 흘러가는 시간인 크로노스는 시계를 통해 시각적으로 확인할 수 있기 때문에 마치 절대적으로 모두에게 동일하게 흘러가는 것 같지.

하지만 사람마다 이 시간이 상대적으로 흘러간다는 것을 사람들은 잘 간과하거든. 달력과 시계가 있어서 절대적이고 객관적으로 흘러가는 것처럼 보이지만, 사실은 누군가의 시간은 멈춰 있을 수도 있고, 누군가의 시간은 더 빠르게 흘러갈 수도 있는 거야. 어렵게 들릴 수도 있지만, 같은 50살인데도 아빠는 40살로 보이고 다른 아빠는 60살로 보이잖아."

"맞아. 아빠는 내 친구 아빠들보다 젊어 보이는 것 같아!"

"하하하. 농담이긴 하지만 같은 나이라도 누군가는 어려 보이기도 하고 누군가는 더 나이 들어 보이기도 하지. 자기 나이보다 10살이나 20살 어려 보이게 살면 성공한 거라는 말도 있잖아. 이건 신체 나이라고도 불리는데 같은 나이에도 아주 건강한 사람이 있고, 어떤 사람은 아프고 더 나이 많이 들어 보이지. 이는 사람마다 시간이 다르게 흘러갔다는 증거지. 누구에게나 똑같이 나이가 매년 한 살씩 늘어나지만, 누군가의 시간은 생각보다 느리게 흘러갔을 수도 있어. 건강하게 100살 넘게 사는 사람이 있고, 누군가의 시간은 더 빨리 흘러가 60살도 못살고 먼저 하늘나라로 갈 수도 있고."

"와, 누군가는 타임머신을 타고 과거로 돌아간 것 같겠네."

"맞아. 동네와 집들이 낡지 않고 그대로 새집처럼 있고, 이웃 사람도 젊음을 유지하고 그대로 다 같이 있으면 시간은 멈춰진 것처럼 보일 거야. 한 동네를 떠나서 고생을 하며 노화를 겪은 할머니가 다시 그 동네로 돌아와서 아직 그대로인 집들과 풍경들을 보고, 아직 젊어 보이는 옛날 지인들을 만난다면 시간이 거꾸로 돌아간 것 같은 착각을 일으킬 수가 있지.

우리가 시간이 흘러갔고 우리는 과거에서 미래로 자라 왔다고 믿지만, 건물이 잘 유지·보수되고 나무와 자연들도 잘 가꾸어서 환경이 그대로면 시간은 안 흘러갔다고 볼 수 있지. 사람도 지혜와 지식, 능력은 계속해서 늘고 성장하였지만, 신체 나이가 거의 같은 젊은이의 수준을 유지하고, 노화를 최대한 방지하였다면 10년에서 20년 정도는 시간이 안 흘러간 것처럼 만들 수 있지. 만약 모두가 노력한다면 2005년과 2025년이라는 숫자는 아무 의미가 없을 수가 있어. 노화와 부식의 속도는 시간의 흐름의 속도야. 노화와 부식의 속도를 늦출 수만 있어도 시간을 내가 통제하게 되는 것이고 더 많은 시간이 남아 있을 수 있고, 인생은 성공한 것이라고 볼 수 있어."

"와, 그렇겠다."

"성장의 속도도 마찬가지야. 누군가는 절대적으로 5년을 꽉 채워 써야 전문가가 되기도 하고, 누군가는 그보다 짧게 몇 년 안에 전문가가 될 수도 있지. 반대로 어떤 사람은 5년보다 길게 10년이나 걸릴 수도 있어. 같은 분야에서 같은 노력으로 같은 시간을 써도 성장의 속도는 각기 다르게 나타나지. 모든 자원과 노력을 누군가는 빠르고 효율적으로 운영하여 빠르게 성장하고, 누군가는 천천히 성장하기도 하고. 빠르게 성장한 사람은 또 다른 분야에서 도전을 할 수 있는 시간을 벌게 되고, 빠르게 성장한 능력과 지식과 기술, 노하우 등으로 다른 분야에서 더 적은 에너지로 더 효율적으로 성장을 할 수 있겠지. 이처럼 크로노스의 시간은 사람마다 다르게 흘러가고 시간을 통제하고 자기 것으로 만드는 사람은 빠르게 성공하고 더 많은 자유를 누리고 행복에 더 빠르게 도달할 수 있겠지."

"아, 시간을 통제하여 내 편으로 만들어야 하는구나."

"맞아, 카이로스의 개념과 조금은 중첩되는 부분이야. 효율적으로 시간을 쓰는 사람은 시간의 질quality에 더 집중을 하는거지. 행복은 크로노스보다는 카이로스에 더 집중할 때 더 가까이 오고, 우리 딸의 인생을 더 값지게 만들 수 있어. 다시 말하면, 카이로스는 그리스어로 시간의 가치와 주어진 환경과 맥락 속에서 가장 적합한 순간을 말하는 거야. 본인에게 주어진 5년의 시간을 자신의 인생의 목적 가운데 가장 값진 순간들로 만들며 성장하려는 노력이 카이로스의 핵심이라고 볼 수 있지. 5년이라는 시간을 보냈을 때 그 안에 최대한의 성장을 이루었지만 건강은 그대로 유지하고 노화를 방지했다면, 5년은 그저 숫자일 뿐이야. 크로노스의 시간은 흘러갔지만, 자신의 능력과 지식은 성장해 최적화된 순간이 되는 거지."

"아빠, 너무 어려워. 그래도 무슨 말을 하는지는 알 것 같아."

"다시 쉽게 말하면, 자신에게 주어진 시간을 자신에게 걸맞게 잘 통제하고 값어치 있게 잘 쓰라는 말이야. 또한 여기에서 중요한 것은 이렇게 시간의 흐름은 자신의 노력 여하에 따라 얼마든지 조율 가능하고 늦출 수 있기 때문에, 조급하게 생각할 필요가 없다는 거야. 자동차가 빠르게 가면 사고 확률이 높아지는 것처럼 빠른 시간 안에 큰 것을 성취하려고 조급하게 서두르다 보면 실수를 하는 경우가 빈번해질 거야. 빠른 속도로 정확하고 완벽하게 효율적으로 해내는 능력이 있으면 좋겠지만, 처음부터 빠르게 하면서 실수 없이 한다는 것은 정말 어려운 일이지. 처음에는 오히려 계획을 세워 힘을 빼고 천천히 느리게 가면 스트레스도 덜하고 실수도 적기 때문에 시간이 멈춘 듯 보일 거야. 결국에는 능숙해져서 민첩하게 빨리 해내며 효율적이 되면서, 동시에 실수나 스트레스도 적고 노화도 천천히 오겠지. 효율적이 되면 빠른 속도는 알아서 따라오게 되어 있어.

하지만, 이와 반대로 목적이나 방향성 없이 처음부터 조급하게 빠르게 움직이면 실수도 많아지고 섣부른 판단으로 잘못된 길로 가게 될 수도 있어. 그럼 오히려 되돌아가야 해서 더 많은 시간이 걸리기도 해. 처음부터 서두르고 속도를 내면 에너지를 너무 많이 써서 일찍 지칠 수도 있고, 또 스트레스를 많이 받아서 코르티솔이나 아드레날린 같은 호르몬이 지나치게 분비되면 다른 사람보다 노화가 빨리 올 수도 있고, 그 자체에 중독되어 일중독으로 빠져 자본주의적 사회적 성공만을 향해 달려가게 되겠지. 그렇게 되면 크로노스의 시간을 벌지 모르겠지만, 상대적으로 나만의 시간이 빠르게 흘러가며, 변하고 지친 나의 몸에 비해 기억나는 것이 없는 무의미한 삶이 될 가능성이 높아. 행복과는 점점 거리가 멀어지게 되지.

  크로노스의 양적인 시간이 흘러가는 가운데 기쁜 시간을 많이 만들고 건강은 유지하면서, 의미 있는 카이로스의 순간들을 아주 많이 만들어내는 것이 행복의 비결이야. 삶은 오묘하고 신비로워서, 사람들 나름대로 자기만의 길을 걷는데 모두가 다른 맥락과 상황에 마주치지. 이러한 순간에 자신의 삶에 맞는 가장 의미 있는 선택을 즐기면서 우리의 행복이 만들어지는 거야. 어느 날 인생을 마치는 날에 그 행복했던 순간들이 합쳐져 잘 살았구나 하는 말이 나올 정도로."

  "아, 카이로스의 순간들을 많이 만들어야겠네. 그런데, 아빠 카이로스의 순간들을 많이 만들기 위해, 크로노스의 시간을 멈추고 늦추는 방법들은 무엇이 있을까?"

시계추를 멈추는 습관들

"일단 시계추를 멈추려면 나쁜 습관이나 건강을 해치는 일을 하지 말아야 해. 5년의 성장을 위한 극복 기간 중에 너무 조급하게 성장에만 집중을 하는 바람에 스트레스를 너무 많이 받으면 술 같은 것에 의존하는 등 나쁜 습관이 생길 수 있거든? 나쁜 습관이 들면 노화도 빨라지면서 나만의 시계추가 다시 빠르게 움직이기 마련이야.

반복적으로, 하지만 인내심을 가지고 유지하는 좋은 습관들은 나만의 시곗바늘을 느리게 가게 해. 하지만 한 목표에 지나치게 집중하다 보면 스트레스를 지나치게 받고 나도 모르게 좋은 습관을 무너뜨리는 경우가 있거든. 좋은 습관을 만들기는 정말 어려운 일이고, 나쁜 습관은 아주 쉽게 우리 삶 속으로 들어오지. 바쁘다는 핑계로 잠을 줄이고, 라면 같은 몸에 안 좋은 음식들을 계속 먹고, 귀찮다고 선크림을 바르지 않고 햇볕 아래 돌아다니고, 운동을 게을리하고 하는 것처럼 말이야. 5년이라는 성장 시간 가운데 계속되는 실패와 좌절을 맛볼 수 있는데, 그러다 보면 커피도 지나치게 마시고 술도 마시고 담배도 피우는 등 약물에 의존하게 되기도 하지. 문지방이나 벽 등을 지속적으로 만지다 보면 때가 묻듯이 나쁜 습관도 서서히 스며들어 자리를 잡게 되지.

도덕적인 관념이 잘 잡힌 사람들의 시계추는 느리게 움직일 수 있어. 선과 악을 나누는 도덕적 기준이 잘 확립된 사람들도 이러한 나쁜 습관에는 쉽게 빠져들지 않을 거야. 법적으로 금지된 나쁜 것들은 당연히 하면 안 되는 것이고, 법적으로 허용되는 것들도 지나치게 의존하다 보면 중독이 되며 악한 것들이 있거든. 어른들 중에 지나치게 술에 의존하여 취해서 다른 사람들에게 피해를 주는 경우가 대표적인 예야. 영적분별력이라고도 하는데, 선과 악을 잘 구분하는 능력도 평소에 잘 키워 놓는 것도 중요하지.

막으려고 했지만 서서히 나쁜 습관이 서서히 들어서면 몸과 마음의 노화 속도는 가속화되고, 시간은 빠르게 흘러가게 되지. 나쁜 습관은 일단 몸에 배게 되면 빠져나오기가 정말 어려워. 폐

인트 칠을 다시 하고 벽지를 다시 붙여 집을 개조하듯이 대공사가 필요하지. 한 번쯤은 괜찮겠지 하고 나쁜 습관으로의 진입은 언제나 쉬워. 늘어갈 때는 언제든 빠져나올 수 있을 것같이 쉬워 보이지만, 나쁜 습관은 일단 배게 되면 그것에 의존하게 되어 의사와 같은 전문가의 도움 없이는 빠져나올 수 없게 되지. 강한 의지는 어느새 사라지고, 나약한 의지와 함께 결코 빠져나올 수 없게 되는 경우가 있어. 술 담배가 대표적인 것이야. 그래서 일단 나쁜 습관이 들어오는 시기에 잘 막아내는 게 중요해. 혹시 유혹이 생긴다면 '나의 시간은 흘러간다'라고 외치면서 절제하려고 노력해 봐."

"아, 그렇구나. '멈춰! 너는 나의 시간을 흘러가게 해!' 하고 하지 말아야겠어. 그럼 아빠 좋은 습관은 뭐고 어떻게 기를까? 나쁜 습관을 못 막으면 어떻게 해?"

"좋은 습관은 일단 나쁜 습관을 없애는 게 중요해. 일단은 대체재를 찾는 게 중요해."

"대체재?"

"응. 대체재란 대신할 수 있는 걸 말하는 거야. 유튜브를 보거나 게임을 하는 대신에 책을 읽거나 밖으로 나가 운동을 하고, 흡연자라면 담배를 끊기 위해 피스타치오 같은 폐에 좋은 음식을 먹고, 술 대신에 다이어트 콜라를 마시는 거지. 처음부터 하지 말아야 했는데, 호기심에 잘못 빠져 들었다면 대체재를 써서 빠져나오려고 노력하고, 그마저도 어렵다면 초기에 전문가의 도움을 받아서라도 무조건 빠져 나와야 해. 안 그러면 결국 병으로 번지고 꽤 오랜 시간을 낭비할 수가 있거든. 누군가는 하늘나라로 가는 급행열차를 타기도 하지.

이렇게 나쁜 습관을 끊어냈으면 좋은 습관들을 만들어내는 게 중요해. 근력 운동이나 유산소 운동은 심폐 능력과 근력을 키워줘서 삶의 에너지를 계속 유지하도록 도와주지. 또 몸에 해로운 음식들을 끊고 건강에 좋고 노화를 방지하는 항산화가 잘 되는 음식들을 먹는 습관도 있지. 잠을 잘 자고, 영양제도 잘 챙겨 먹고, 선크림도 잘 바르고, 치실 등의 도구로 치아 관리도 잘 해주면서 좋은 습관들을 만들어가면, 수민이의 시계는 멈춰질 거야."

"아빠는 어떤 좋은 습관이 있는데?"

"우선 아빠는 일단 식사를 한 후에는 항상 비타민C를 먹어. 우리 몸은 음식을 먹으면 나쁜 가스를 몸속에 배출하는데, 이를 산화 과정이라고 하며, 이 산화 과정은 우리의 세포를 손상시키지. 물질이 산소와 결합하면 전자를 잃어버리는데, 철이 산소와 결합하여 녹이 스는 것과 같은 것이야. 이런 현상을 막아주는 것을 항산화라고 해. 이 항산화를 도와주는 것이 비타민C고. 그러니 이걸 식사 후 꼭 먹어주는 거야.

게다가 아빠는 여러 항산화를 도와주는 채소와 과일을 잘 섞어서 만든 해독주스를 먹지. 브로콜리, 케일, 양배추, 당근, 토마토, 사과, 블루베리, 바나나, 홍초 등을 넣고 믹서기에 갈아서, 아침마다 먹는 습관이 있어. 당근, 양배추, 토마토, 브로콜리는 살짝 데치면 더 좋고. 지난 10년 동안 2주에 한 번씩 만들어 두고 매일 먹어왔는데 화장실도 잘 가고 얼굴도 맑아지는 효과가 있더라고. 아빠가 다른 아빠들보다 10년 젊어 보이는 이유겠지!

치아 관리도 중요한데 밥 먹고 양치와 칫솔질도 게을리하지 않아. 어떤 부자는 칫솔질을 매일 하는 것이 좋은 습관이라고 했는데, 누구든 매일 하기 귀찮은 것이 있는데 그 사람에게는 칫솔질이었던 것 같아."

"아, 그렇구나."

60분의 법칙

"몸은 가벼운 게 좋아. 몸이 가벼워야 뭐든 할 때 힘들지 않게 스태미너를 유지하며 잘할 수 있거든. 만약에 잘못된 습관으로 체중이 늘었다면, 꼭 살을 적정 수준으로 빠르게 빼려고 노력해야 해. 시간이 지나면 체중은 계속 늘고 점점 더 힘들어지거든. 체중이 늘면 지방도 많이 늘어 각종 질병과 염증의 원인이 되어 노화도 빨리 되거든. 자신의 시계추가 빠르게 움직이게 되지. 헬스장에 가면 BMI를 측정하는 기계가 있어. BMI는 키에 비해 적정한 몸무게를 보여주는 수치인데 23 밑으로 유지하려고 노력하고, 체지방률은 10~15% 정도로 유지하면 좋은 것 같아.

다이어트를 위해서는 연어와 닭가슴살을 소금 후추로 간하고 구워서 현미, 찹쌀 반반미와 김치를 함께 먹으면 도움이 될 거야. 아빠는 아침에는 6시 반 정도에 시리얼과 우유, 해독주스와 커피 한잔을 하고, 점심으로는 11시 정도에 연어를 구워 밥과 먹고, 저녁에는 4시 정도에 닭가슴살을 구워 먹어. 그 이후에는 되도록 물만 먹고. 배가 고프면 몸에는 생존을 위해 새로운 세포가 생긴다고 하는데 '새 세포야 나와라'하고 마인드 컨트롤을 하지."

"하하. 배고프면 새 세포야 나와라~"

"운동도 열심히 하는데 더운 여름에는 짐에서 하는 경우가 많아. 일주일에 6일 정도 하루 60분 정도 달리기와 수영, 복싱 등을 하면서 유산소 운동도 하고, 턱걸이, 매달리기, 배틀 로프 battle ball, 슬레드 푸시 앤드 풀 sled push& pull, 메드볼 med ball, 덤벨운동 등을 하며 근력운동도 해. 한 종목만 하면 지루하니까 하루에 여러 개를 섞어서 하고 다음 날엔 겹치지 않는 것으로 하는 게 좋은 것 같아.

봄, 가을, 겨울처럼 햇볕이 강하지 않거나 흐린 날에는 짐에 가기보다는 산책을 즐기지. 운동으로 산책을 하면 하루 두 번 30분씩 해서 총 6천 보에서 1만 보 정도 걷고, 저녁에 드라마나 유튜브를 보면서 스트레스도 풀고, 푸시업 pushup 이나 스쿼트을 15번씩 4세트 정도 하면서 근력운동을 하는 것도 괜찮은 것 같아. 산책보다 느리게 뛰는 것도 심장에는 더 좋을 수 있고."

"와, 운동 열심히 하는구나! 시간을 멈추게 하려면 피부 관리도 해야 하잖아!"

"맞아. 외모나 피부 관리가 잘 되면 시계추도 느리게 가게 할 뿐 아니라, 사람의 자존감도 많이 올라가게 되지. 귀티 나는 사람들의 특징이 자기관리가 잘 된 사람들이라고 하잖아. 남들에게 보여주기 위한 것이 아니라, 스스로 만족하고 자존감을 올리기 위한 것이야.

피부관리는 선크림 꼭 바르고, 일주일에 한두 번은 꼭 팩을 하지. 콜라젠도 꾸준히 먹어줘야 피부노화를 막아줄 거야. 두 손가락으로 팔자주름과 볼살을 계속 올려주는 마사지를 해주고, 엄지와 검지를 이용해 목주름도 펴주려고 노력하고. 40대 이후에는 주름 방지가 어려워 보톡스도 맞으면서 예방을 해주는 게 좋아."

"와, 아빠는 정말 많이 하네. 나도 나중에 크면 다 해야겠다."

"응, 그래. 수민이는 아직 성장 중이니까 엄마가 주는 대로 골고루 잘 먹고, 지금 하는 수영과 줄넘기, 달리기를 열심히 하면 될 거야. 하지만 성장이 멈추고 호르몬이 변화하는 30대 중반에 들어서면 꼭 잊지 말고 건강 관리와 노화 방지를 위해 노력해야 해."

"응, 그래. 알겠어. 그런데 스트레스는 어떻게 해야 해? 나 요즘 학교하고 학원에서 이상한 애들 때문에 너무 스트레스받아."

스트레스는 시간을 빠르게 움직인다

"스트레스는 긴장, 공포, 고통, 감염 등 다양한 원인에 의해 받게 되는데, 아드레날린과 코르티솔이라는 호르몬을 나오게 하지. 코르티솔이 적게 나오면 스트레스는 지속되고, 이 호르몬이 과다하게 분비되면 비만, 고지혈증, 심혈관계 질환, 노화 등 건강 문제를 일으킬 수 있어. 자신의 시계추가 굉장히 빠르게 움직이게 되지. 그래서 처음부터 스트레스를 안 받는 예방이 중요한 것 같아. 원인을 찾아내서 빠른 시일 내에 없애려는 노력을 해야겠지.

아빠가 옛날에 심리학자랑 얘기해 보았는데, 아빠는 일이 끝나지 않으면 스트레스를 받는 것 같아. 따라서 5년 정도의 장기

목표를 세운 경우에는 중간 목표들을 단계별로 세워 놓는 게 좋아. 마일스톤milestone이라고 불리는데, 중간 목표들을 달성하면서 목표에 도달하지 못해 끝나지 않는 스트레스를 최대한 줄일 수 있을 거야. 각 중간 목표마다 어느 정도의 시간과 자원을 써야 하는지 계산해 보고, 위험 요소는 무엇이 있는지를 고려한 후에 6개월 단위로 아니면 1년 단위로 중간 목표들을 세우고 달성해 보면 성취감도 생기고, 스트레스도 덜 받을 거야. 앞을 예상하고 준비하고 조금씩 달성하는 삶, 스트레스만 없애는 것이 아닌 지혜로운 삶을 살며 행복해지는 거지.

그 외에도 스트레스는 인간관계에서 오는 경우가 대부분이야. 가정, 학교, 직장, 교회 등 다양한 사회 분야에서 다양한 사람을 만나며 갈등과 긴장, 공포 등을 느끼면 스트레스를 받게 되지. 앞에서도 절망을 극복하는 방법들에 대해 자세히 다루었으니까 도움이 될 거야.

추가로 인간관계에서 오는 스트레스는 좋은 인간관계를 형성시키는 의사소통 능력interpersonal skill을 통해 해결이 가능해. 다양한 인간 관계를 적극적으로 경험하면서 사람에 대한 안목도 쉽게 길러지지. 이렇게 얻은 안목으로 사회에 적응을 못하는 소시오패스, 자기만 생각하고 남을 배려할 줄 모르는 나르시시스트, 부정적이고 너의 생각을 부정적으로 조작하고 통제하려는 가스라이팅gas lighting하는 사람들을 빠르게 알아볼 수 있고. 같은 직장 안이라면 빠른 판단하에 적절한 의사소통 능력을 통해 이런 향기가 좋지 않은 사람들과의 관계도 잘 이끌어갈 수도 있고.

하지만 직장과 상관없이 초반에 노력해도 안 되는 사람들은 미리미리 빠르게 정리를 하는 게 좋아. 예의가 없어 향이 안 좋고, 거짓말을 하고 너를 믿어주지 못하고 의심하는 사람 등 다양한데, 정리할 수 있으면 뒤도 보지 말고 빠르게 정리하는 게 좋지. 세상에 네가 만날 수 있는 향기 좋은 사람은 많이 있거든. 굳이 소시오패스, 나르시시스트, 가스라이팅을 하는 사람들과 관계를 지속할 필요는 없어. 이건 나중에 자유에 관해서 얘기할 때 더 자세히 얘기해 줄게."

"응 알겠어."

겸손이 행복을 가져온다

"마지막으로 성장에 있어 중요한 것은 겸손이야."

"겸손? 잘난 척 안 하는 거?"

"맞아. 남들에게도 잘난 척을 안 해야 하고, 스스로에게도 잘난 척을 안 해야 하는 거지. 스스로에 대한 자존감은 있지만 자존심은 없는 상태라고 볼 수 있고, 다른 사람의 가치를 존중하고 자신의 한계를 인식하는 것을 말해. 겸손한 사람은 남을 존경할 줄 알고 배울 자세로 남을 대하며 그 누구보다 우위에 있다고 생각하지 않지.

처음 열정을 가지고 도전을 하면 실력도 조금씩 늘면서 옛날에 자신보다 많이 나아졌다고 생각할 때가 올 거야. 객관적으로 보기에는 아직 많이 부족하지만, 주관적으로 보면 스스로 굉장히 잘한다고 생각하는 시기가 와. 보통 몇 개월 지나면 그렇게 되지. 빠르게 많이 성장한 스스로를 보면 정말 기쁘지. 하지만 여기서 조심해야 할 것이 너무 자신감을 갖게 되면 보통 실수가 나오게 되어 있어. 이 부분이 전문가들과는 다른 면이지. 전문가들의 특징은 끊임없는 노력으로 실수가 거의 없을 정도로 완벽하게 성장해 있다는 점이야. 운전이든 운동이든 어떤 분야이든 처음 하는 분야에서는 메타인지 능력이 부족해서 자신이 어디가 부족한지 한계가 무엇인지 아직은 잘 파악하기가 힘들어. 그래서 적용 과정에서 잦은 실수가 나와.

이 부분은 메타인지 능력을 키워야 파악할 수 있는데, 주로 제삼자인 전문가의 눈으로 보면 쉽게 보이지. 따라서 너무 자만해서는 안 되고, 자기보다 더 나은 멘토 선생님이나 전문가의 의견에 귀를 계속 기울여서, 본인의 부족한 부분을 계속 찾아 내야 하는 거지. 전문가인 멘토 선생님은 꽤 오랜 시간을 노력해서 전문가가 되신 분이고 많은 제자를 키워왔기 때문에 빨리 부족한 부분을 채워주실 수 있을 거야. 책이나 교육 영상 등을 계속 보면서 부족한 부분을 메꿀 수도 있고.

물론 한 명의 선생이나 한 권의 책만 보고 판단하면 위험하고 다양한 곳에서 자문을 구할 수 있어야 해. 자신이 이미 다 안다는 것처럼 행동하며 남의 조언을 조롱하고 무시하고 귀를 닫는 순간 그 사람의 성장은 멈춘다고 생각하면 돼. 다시 말하지만 성장은 최소 5년 이상의 시간을 두고 천천히 진행되는데, 1년도 안 돼서 조기에 성장을 마무리하면 시간이 지났을 때 그 분야에서는 크게 쓸모가 있는 사람은 못 될 거야.

1년, 2년 시간이 지나면서 조금씩 성장이 더 어려운 시기가 오고, 성장의 속도가 조금씩 느려질 거야. 이미 많이 이룬 것 같고, 더 배울 게 없다고 생각하고, 조금씩 권태기도 오기 시작하지. 그럴 때는 가까운 곳에서 격려해 주고 부족한 부분을 조언해 줄 수 있는 좋은 멘토를 꼭 찾아보는 게 좋아. 나는 너무 똑똑하고 너무 잘나서 책이나 영상만 보고도 다 해결할 수 있다는 생각이 들 수도 있지만, 좋은 멘토를 만나 객관적으로 스스로를 점검하고 돌아보는 게 더 중요해. 멘토만큼 너를 더 큰 그림 속에서 분석해 주고 영감을 불어넣어 줄 수 있는 분은 없을 거야. 우물 안 개구리들은 고집만 세지고 우물 밖 세상을 알 길이 없거든. 좋은 멘토가 너를 우물 밖으로 꺼내줄 거야."

"와, 나도 좋은 멘토가 있으면 좋겠다."

"응, 수민이도 나중에 좋은 멘토들을 만나길 바라. 일단 아빠가 잘하는 분야에서는 너의 좋은 멘토가 되어 줄게."

"응, 알았어. 고마워."

오늘도 나는 나의 멘토인 아빠에게 성장에 관한 좋은 이야기들을 들을 수 있었다. 매주 하는 아빠와의 대화를 통해 나는 어제와 다르게 계속 변화하고 있다는 생각이 든다. 성장하고 있는 거겠지. 아빠와의 통화의 시간들은 나에게는 인생이라는 마라톤에서 가장 중요한 카이로스의 순간들이다. 오늘도 파란 하늘이 나를 기분 좋게 한다. 하나님이 그 너머에서 나를 보고 계시며 이런 행복한 순간들을 계속 만들어주시기를 기도한다.

Part 2

◆ 인생 중반기 ◆
자유가 행복이다

행복을 위한 자유라는 것

어느덧 무더운 여름이다. 아직은 7월 초라 엄마는 전기세를 아낀다고 에어컨을 틀지 않았다. 나는 반바지에 반팔만 입고 선풍기 앞에 앉아서, 학원 영어 시험을 만점 받은 기념으로 엄마가 사준 만화책을 읽고 있었다. 행복한 토요일이다. 물론 이따가 밀린 숙제를 해야 한다. 오늘도 아빠한테 영상통화 전화가 왔다.

"아빠!"

"수민아! 잘 지냈어?"

"응, 잘 지냈어."

"이제 우리 딸 미국에 오는데 곧 보겠네!"

"응. 엄마랑 짐 싸고 여행 계획을 세우고 있어. 엄마가 아빠랑 멕시코 칸쿤에 간대!"

"그래? 처음 듣는 얘기인데! 칸쿤 좋지! 이번에는 마야 문명의 중심지인 멕시코로 탐험을 가볼까?"

"신난다! 만화책에서 본 체첸이사 피라미드와 세노테도 갈 수 있겠다! 그런데 아빠는 지금 뭐 해?"

"응, 저녁 먹고 쉬고 있었지."

"뭐 먹었는데?"

"응, 닭가슴살을 올리브유와 참기름에 구워서 소금 후추를 뿌려 간한 것과 현미와 현미 찹쌀을 섞은 반반미로 지은 밥에 김치를 곁들여 먹었지."

"맛있었어?"

"응, 먹을만해. 맛보다는 몸무게 조절하며 건강하려고 먹는 거니까."

"아, 그렇구나. 아빠는 키하고 몸무게가 얼마인데?"

"174cm에 68kg 정도 되지. 작년 한국에 갔을 때 할머니가 맛있는 것을 많이 해주셔서 기분 좋게 많이 먹었더니 78kg까지 늘었었어. 미국 돌아와서 아빠가 개발한 해독주스[1]와 연어하고 닭가슴살구이를 먹으면서 운동하며 노력하니 지금은 10kg이나 빠졌지. 건강하려면 키에 비해 몸무게가 중요한데 딱 적당한 수준으로 뺐어. 인터넷에 보면 BMI(Body Mass Index) 계산기라는 것이 있는데, 키와 몸무게를 넣어 18.5에서 24.9 사이가 나오면 건강하고, 18.5 미만이면 저체중, 25 이상이면 과체중, 30 이상이면 비만이라고 하지. 체중이 적절하니 몸이 한결 가볍고 삶에 자신감도 더 생기네."

---

[1] 토마토, 당근, 양배추, 브로콜리를 삶은 후에 믹서기에 넣고 바나나, 사과, 블루베리, 케일을 홍초와 함께 넣어 갈아서 2주 치를 만들어 매일 아침 한 컵씩 먹는다.

"아, 그렇구나. 나도 건강에 신경을 써야겠어."

"하하하, 그래. 건강하고 외모가 변하면 삶에 자신감도 더 생기고 움직임이 자유로워지지. 그래서 말인데 수민아. 지난번 통화에서는 행복하기 위한 성장에 관해서 얘기했는데, 오늘은 행복하기 위한 자유에 관해서 얘기해 볼까? 성장만으로는 행복을 보장해 줄 수는 없거든."

"자유? 나는 자유로운데. 하고 싶은 거 하는 게 자유 아니야?"

"맞아, 하고 싶은 대로 하고 사는 게 자유지. 말하고 싶은 것을 말하고, 가고 싶은 곳을 가고, 먹고 싶은 것을 먹고, 자고 싶을 때 자고. 자유로운 사람은 행복하지."

"응, 나는 자유롭고 행복한 것 같아."

"맞아, 우리 딸은 가장 자유로운 인생의 시기이지. 왜 그런지 알아?"

"모르겠는데."

"일단 초등학생인 너의 자유를 제약하는 사회적 제약이 많이 없지. 무엇보다도 수민이가 무엇이든 할 수 있는 도전의 기회와 시간을 마련해 주는 경제적 자유가 보장되어 있어서 그래."

경제적 자유는 중간 시기 진입이 중요하다

"경제적 자유?"

"응, 우리는 돈을 추구하고 돈에 의해 움직이는 자본주의 사회에서 살고 있거든. 언제든 편하게 돌아갈 수 있는 집에서 마음껏 쉬고, 먹고 싶은 것을 먹고, 여행 가고 싶은 곳을 자유롭게 가고, 배우고 싶은 것과 하고 싶은 것을 마음껏 하려면 돈을 지불해야 해서 돈이 필요해. 이렇게 자본주의 사회에서 자유롭게 살아가기 위해 충분한 돈이 있는 것을 경제적 자유라고 부르지."

"아, 그렇구나."

"지금은 엄마 아빠가 돈 걱정 없이 생활할 수 있도록 도와주기 때문에 수민이가 자유롭게 살 수 있는 거야. 대부분의 아이가 성인이 될 때까지, 조금 늦으면 대학교 시절과 첫 직장을 구할 때까지는 부모님들이 희생하며 경제적으로 도움을 주거든. 그래서 아이들은 부모님들보다 더 자유롭고 행복할 수가 있어.

매슬로Maslow라는 학자가 인간 욕구needs의 5단계를 제시했어. 인간에게는 의복, 주거, 음식, 수면 등의 생리적 욕구가 가장 기본이라고 해. 그것이 채워지면 다음으로는 신체적 안전이나, 직업, 건강 등을 원하는 안전의 욕구가 생기지. 다음으로 애정과 우정, 인간관계와 관련된 애정과 소속의 욕구가 생기고, 그리고 나서 자신감이나 성취감, 타인의 인정을 원하는 존중 욕구가 오지. 마지막으로 자기 계발이나 도전 등 자아실현의 욕구가 등장하는 거야.

수민이가 이러한 모든 욕구를 실현할 수 있게 엄마 아빠가 열심히 도와주고 있어. 살 곳, 먹을 것, 입을 것 걱정 안 하도록 안전하게 지켜주고 가족의 울타리 안에 사랑을 듬뿍 부어주잖아. 스스로를 존중하고 사회에서 인정받고 수민이의 꿈을 위해 마음껏 도전할 수 있게 도와주고 있지."

"아, 그렇구나! 고마워, 아빠."

"따라서 부모님의 희생으로 이 경제적 자유를 누릴 수 있는 초등학교 시기에 행복을 잘 누리고 좋은 기억을 심고, 동시에 다양한 기초 분야에서 자유롭게 성장을 하는 것이 중요해. 가장 안전하게 경제적, 시간적 자유를 누리며 많은 분야에서 도전하고 성장을 할 수 있는 좋은 시기야. 아빠는 이 시기에 축구도 많이 하고, 바이올린, 피아노도 배웠지. 어릴 때는 친구들과 상도동 국사봉 약수터에서 썰매도 타고 등산도 하고 놀았어. 이른 새벽에 서예학원도 다녀보고, 한때는 새벽 미사도 다니고 미사 끝나고 성당 마당에서 축구도 하곤 했지. 자유롭고 행복했던 시간이 지금까지도 좋은 기억으로 남아 있어. 그래서 우리 딸이 영어, 수학, 논술 등 열심히 공부하는 것도 지원하지만, 행복한 초등학교 시절을 보내면서 좋은 기억이 많이 쌓이기를 바라는 거야. 그러니 피아노, 바이올린, 수영, 미술 등 수민이가 좋아하는 것들을 마음껏 하며 행복한 기억을 쌓게 엄마 아빠가 경제적으로 노력하고 있는 거지.

또한 초등학교 시기는 다양한 시도와 경험을 하며 인생의 목적을 형성하는 가장 중요한 시기가 아닐까 해. 파레토 원칙 Pareto principle이라는 것이 있는데, 80/20 규칙이라고도 불리지. 20%의 동기부여가 80%의 결과를 낳는다는 원칙이야. 초등학교 시기에 만들어진 행복의 기억과 인생의 동기부여가 수민이 인생의 80%의 결과를 만들어낼 수 있다는 말이기도 해. 따라서 너무 이른 시기에 대학을 준비하며 교과과정을 몇 년씩 앞서가며 공부하는 것도 중요하지만, 이 시기에는 인생 전체를 살아가는 데 도움을 줄 수 있는 행복한 기억과 인생의 목적이 형성될 수 있는 다양한 경험이 더 중요하다고 봐."

"알았어, 아빠. 마음껏 자유를 누릴 거야~"

"하하. 그래. 하지만 초등학교를 졸업하고 중고등학교의 청소년기에 들어서면 최대한 성장을 해서 성인이 된 이후 혼자서 경제적 독립과 자유를 누릴 수 있도록 준비를 잘 시작 해야 해. 청소년기인 중고등학교 5~6년 정도의 시기가 인생의 가장 중요한 시작점이라고 볼 수 있는데, 이때는 놀면서 즐길 수 있는 자유는 최대한 억제해야 하지. 부모님이 마지막으로 경제적으로 도움을 줄 수 있는 시기라고 생각하고, 100% 노력을 통해 최대한 성장을 해서 성인의 시기를 준비해야 해. 더 큰 성장을 위해 좋은 대학을 목표로 할 수도 있고, 대학 진학 없이 실전에서 전문가가 되기 위해 일찍 좋은 직업을 구할 수도 있어."

"아, 그렇구나. 엄마 아빠가 경제적으로 도와줄 때 열심히 더 성장해야겠네."

"맞아. 부모도 네가 성인이 된 이후에는 은퇴를 해서 노후를 준비해야 하기 때문에 계속 지원을 해주기는 힘들 거야. 엄마 아빠가 모든 모아둔 돈을 너에게 주면, 나중에 노후에 돈이 부족해서 너한테 손을 벌리고 의존하게 되겠지? 그럼 우리와 너의 관계도 원만하게 유지하기 힘들거든. 특히 네가 결혼하면 부모님을 경제적으로 도와주는 문제가 배우자와의 관계에도 영향을 미칠 수 있잖아.

그러니 네가 스스로 경제적 자유를 이루기 위해 노력해야 해. 중고등학교 때부터 100% 노력해서 원하는 좋은 대학과 과에 진학해서 원하는 직장에 취업하는 게 그 시작이야. 첫 직업을 구한 이후부터는 계속 돈을 모으고 투자해서 스스로 경제적 독립을 이루어야만 하지. 너의 노후까지 보장되는 경제적 독립이 빠르면 50대가 될 수 있고, 적절하게 연금이 나오는 60대가 될 수도 있는데, 그러면 엄마 아빠도 너의 경제적 독립을 함께 기뻐하며 행복하게 살다가 마음 편하게 눈을 감을 수 있겠지.

정리하면 사람은 성인 이전과 은퇴 이후에 경제적 자유의 시기를 두 번 정도 겪을 수 있어. 첫 직장에 입사해서 '중간 시기'라고 볼 수 있는 은퇴 전까지 30~40년 정도는 경제적 독립을 위해 인내심을 갖고 노력해야 하는 힘든 시기를 보내게 되지. 지금이 부모님의 도움으로 경제적 부담이 없는 수민이의 인생에서 가장 행복한 시기야. 동시에 초등학교 때와 중고등학교 청소년기는 중간 시기를 준비하는 굉장히 중요한 시기이기도 하고. 중간 시기에 네가 원하는 좋은 직장이나 분야에서 원하는 삶을 시작하게 되면, 너의 중간 시기는 더욱 행복하고 경제적 자유도 일찍 달성할 수 있을 거야. 엄마 아빠도 은퇴를 해야 하니까, 우리에게서 독립을 한 이후 부모님이 도와줄 수 없는 중간 시기에는, 우리 딸도 노력해서 인내하며 잘 지나가야 하지. 중간 시기 진입 이전의 너의 행복한 기억도 많은 도움을 주리라 믿어. 사랑하는 배우자도 만나고 경제적 독립을 이루고 스스로의 힘으로 제2의 행복한 시기를 맞이하게 될 거야."

"와, 그렇구나. 중간 시기를 잘 진입하고 보내야겠네! 그러면 어떻게 중간 시기를 지나갈 수 있을까?"

"좋은 질문이야. 이제 중간 시기에 가질 수 있는 직업에 관해서 얘기해 보자."

직업이 행복을 결정한다

"일단 지난번에 아빠가 성공 방정식에서 말한 것처럼, 자기에게 맞는 직업을 구하는 게 중요해. 직업은 지속적인 수입을 창출하고 그중의 일부를 저축하고 투자해서 경제적 자유를 이루는 데 가장 중요한 역할을 하지.

그 직업에서 은퇴할 때까지 몇 년을 일할 수 있는지, 수익이나 받을 월급은 얼마이고 그 수익이나 월급의 어느 정도를 저축할 수 있는지를 계산해 보면, 언제쯤 경제적 독립을 할 수 있는가를 대충 짐작할 수 있을 거야. 30년 정도에 걸쳐 총 30억을 월급 등의 수익으로 창출할 수 있고 그중의 10%인 총 3억에 해당하는 돈을 월별로 나누어 꾸준히 저축할 수 있다고 가정해 보자. 매년 10%씩 수익을 낸다면, 금융 계산기로 계산해 보면 복리효과로 16억까지 모으는 게 가능해. 그러면 이후 8~10% 정도씩 매년 수익을 낼 수 있다고 가정하면 월 1,000만 원에서 1,300만 원 정도씩 쓸 돈이 생기면서 경제적 자유도 달성하고 삶에 여유도 생기지. 그러면서 당당해지고 자존감도 높아질 거야."

"아, 그렇구나. 그런데 어떤 직업이 좋은 직업이야?"

"사람마다 기준은 다르겠지만, 우선 30년 동안 꾸준히 돈을 벌 수 있는지가 중요하고, 그 이상까지도 부담 없이 일할 수 있는 직업을 고르는 게 좋아. 25세부터 55세까지, 30세부터 60세까지, 35세부터 65세까지, 시작 시기와 상관없이 30년 정도는 퇴직 걱정 없이 일하는 게 좋지. 물론, 30년 정도를 계속 일하려면 사람들이 말하는 자아실현도 하면서 적성에도 맞는 직업이어야 할 거야. 버티는 것보다는 스스로 만족할 수 있는 직업을 찾아야 오랫동안 그 일을 할 수 있어. 지난번 파레토 효율에 관해서도 이야기 했지만, 20%의 동기부여가 80%의 좋은 결과를 낳도록 도와줄 거야. 좋은 동기 즉, 삶의 목적과 부합한 직업이 30년 동안 장기적으로 일을 할 수 있게 도와줄 거야.

사람의 생명을 구하고 치료해 주는 것이 좋으면 의사가 되고, 사람들을 가르치고 연구하는 것을 좋아하면 교수나 과학자가 되어도 좋지. 인공지능과 로봇처럼 시대를 앞서서 혁신을 이 끄는 게 좋으면 엔지니어나 개발자가 될 수도 있고, 글과 그림과 영상을 창의적으로 만들어 사람들에게 메시지를 전달하고 싶으면 작가나 화가 또는 연예인, 유튜버 같은 인플루언서나 방송국 PD가 될 수도 있을 거야. 다음 세대를 위한 자연을 보호하고 싶으면 국제기구나 NGO에서 일하는 환경운동가가 될 수도 있으며, 법을 잘 수호하고 지키기를 원하면 변호사가 되는 게 좋지. 좋은 삶의 목적이 본인에게 맞는 좋은 직업으로 이끌 수 있어.

물론 어린 시절부터, 스스로 이미 잘 성장해서 전문적으로 잘 할 수 있는 분야이거나, 미리 어느 정도 성장이 되어 있어서 입사 후에 적극적으로 배우며 성장해 나갈 수 있는 분야를 고르는 게 중요하지. 특히 요즘은 4차 산업혁명의 발달로 인공지능과 휴머노이드 로봇들이 빠르게 발전하며 인간의 노동력을 대체하고 있는 게 현실이야. 이미 2015년경부터 시작된 4차 산업혁명은 10여 년이 지난 지금 그 결실을 맺고 있고, 오픈 에이아이와 구글, 마이크로 소프트, 아마존, 메타, 애플, 딥시크, 알리바바 등 큰 기술 회사들이 인간의 두뇌를 대체할 만한 생성형 비서형 인공지능 제품들을 쏟아내고 있는 게 현실이야. 그림을 그리고, 글을 쓰고, 보고서를 작성하며, 비디오를 만들고 편집까지 도와주지. 인간들의 곁에서 음성으로 대화를 하며 필요한 것들을 채워주고 도와주고 있지.

너도 미국에 와서 아마존의 알렉사Alexa를 써보았지만, 정기적으로 내가 기존에 주문한 소모품이나 약, 음식을 다시 사야 될 때가 아닌지 물어주고, 주문해서 보내달라고 하면 집으로 배달까지 시켜주지. 집의 온도를 올려달라, 불을 켜고 꺼달라, 집 주변의 카메라를 보여달라 등 집 어디서나 목소리로 명령을 할 수 있지. 이를 피지컬 인공지능Physical AI라고 하는데 이미 아빠는 2020년 코로나 시기부터 너무 편리하게 쓰고 있어.

곧 휴머노이드 로봇이 나오면 사람들의 삶은 더욱 변화될 거야. 보스턴 다이내믹스, 피겨, 테슬라, 알파벳, 유니트리 등의 회사들도 인공지능을 탑재한 로봇과 자동차들을 내놓으며 산업용 로봇에 더하여 일상생활에서 인간의 반복적인 노동력까지 대체하고 있어. 따라서, 이미 우리가 당연히 여기고 있는 직업들이 조금씩 사라지고 있는 현실이야. 눈에 띄지 않게 변화가 천천히 오고 있지만, 2030년에서 2050년 사이에 인공지능이 급격히 발전하는 특이점singularity을 지나면, 모든 분야에서 활용되는 범용인공지능Artificial General Intelligence, 소위 슈퍼지능이 등장할 거야. 그렇게 되면 옛날 영화 터미네이터에서나 볼 수 있는 인간과 로봇이 공존하며 전쟁까지도 가능한 시대가 올 거야. 가상현실, 드론, 양자컴퓨터, 우주항공까지 발전하면 2030년 이후에는 또 다른 세상이 펼쳐지겠지."

"와~ 새로운 시대가 기대되기도 하지만 무섭기도 하네."

"맞아. 이러한 4차 산업혁명은 인간들에게 도움이 되기도 하지만, 피해를 줄 수도 있지. 우선 직업과 관련하여 생산과 분류, 배달, 수술 등의 노동 집약적인 것들이 대체되기 시작할 것이고, 데이터 분석하는 일이나 코딩과 문서 작업들도 대체되기 시작할 거야. 나아가 가치 판단과 결정, 예측하는 일들도 인공지능에 의해 대체되기 시작할 거야. 각국의 도덕적 가치관을 반영한 인간들이 훈련시킨 인공지능이 판사와 국회의원, 공무원들을 대체하면서 가장 합리적이라고 생각되는 결정을 내려주겠지. 지금 미국에서는 이미 고학력이 요구되는 고급 직업군, 소위 화이트 칼라_{white color} 직업들이 인공지능으로 대체되며 관련 분야 종사자들이 해고되기 시작했어.

따라서 지금은 경력직 같은 신입을 회사에서 찾으려고 하고 있어. 이미 인공지능이 할 수 있는 일보다는 그 인공지능을 관리 이용하여 더 새로운 것들을 해낼 수 있는 사람들이 필요할 거야. 따라서 초등학교 때부터 아니면 늦더라도 대학교 때에는 4차 산업혁명과 관련된 인공지능 활용 기술과 능력을 키워 놓을 필요가 있어. 예를 들면 의사, 변호사, 회사 등 직업과 상관없이 인공지능을 비서로 이용하여 자료를 찾고, 분석하고, 코드를 짜고 생성해 내는 기본 능력은 갖추어야겠지.

그냥 남들이 하는 대로 좋다는 것만 따라가다 지금 시대에 가장 돈이 잘 벌린다는 편견만을 가지고 적성과 상관없는 아무 부서나 들어가게 되면, 4차 산업혁명으로 시대가 변화하고 있는 시기에 일하기 시작한 지 얼마 되지 않아 일자리를 잃을 수가 있어. 갑자기 그 직업이 현저히 줄어들거나 없어질 수 있는 위험이 크지. 나이가 어느 정도 들어 연령 제한 등의 이유로 새로운 직업을 찾아가기에는 너무 늦어버릴 수도 있고.

돈이 수단이 아닌 목적이 되어 직업도 돈만을 벌기 위해 선택하면, 기계처럼 일하다 적응을 못 하고 지쳐서 금방 그만둘 가능성이 높아. 2024년 기준 100대 기업의 평균 근속연수가 남성은 12.94년, 여성은 14.41년으로 나오거든. 승진 누락 등 정치적 이유도 있겠지만, 자기만족 없이 한 회사에서 오래 일하는 것은 힘든 일이야. 돈만을 바라보고, 같은 직종에서 반복적인 일만 하다 보면, 다른 분야에 도전하여 전문성을 키우지 못하고, 시대에 도태되며 그 일을 그만두면 다른 직업을 찾기 힘든 상황이 펼쳐지지. 반복적인 일에 지쳐 회사를 나와 퇴직금에 빚을 더해 자영업을 하거나, 다시 학교나 학원으로 돌아가서 처음부터 다시 시작하는 경우가 많아.

이런 맥락에서 단지 직업이 안정적이라는 이유로 1년에 한 번 뽑고 경쟁률이 20대 1이 넘는 공무원은 안 했으면 해. 아빠도 옛날에 외무고시 공부를 했었지만, 합격하기도 힘들어 5년간의 시간을 낭비했다는 생각이 들어. 뿐만 아니라 그 때 합격한 선후배나 친구들과 30년 후인 지금 비교해 보면 교수인 아빠는 대시들도 만나고 정부에 자문도 주고 있을뿐더러, 아빠가 더 많은 경제적 자유를 누리고 시간적 여유도 누리고 있거든. 물론 나라와 국민을 위해 봉사하겠다는 사명감이 있다면 공무원이 적절한 직업이긴 해. 하지만 단순히 안정적인 직장을 통해 경제적 자유를 달성하려는 목적만 가지고 있다면 좋은 직업은 아니야. 1년에 한 번 시험이 열리고 합격자가 굉장히 적기 때문에 합격까지 몇 년간 경제적 복리 효과를 누릴 수 있는 초기 자본 축적 시간이 줄어들기 때문에, 경제적 자유를 누릴 수 있는 시간에 있어 손해를 볼 가능성이 높아. 늦게 시작하면 은퇴도 늦어져야 하는데, 은퇴 나이는 60에서 65세로 정해져 있거든. 물론 공무원의 월급 보상이 그 시간을 만회할 정도로 높은 것도 아니고. 게다가 4차 산업혁명에 대체될 가능성이 높은 직업군에 수십 년간 반복적이고 성장이 제한된 일밖에 할 수 없는 직업일 가능성이 높아. 배우자로서도 높은 점수를 주고 싶지 않은 이유도 이런 이유에서야.

따라서 '80점 이상 받으면 합격'처럼 절대 점수를 통과하면 50% 이상 합격되고 자격증도 주어지고, 열심히만 하면 경험과 능력에 따라 노동 가치가 높게 보장되는 전문적인 직업군이 오히려 좋을 수 있어. 경제적 자유도 빨리 달성하고, 은퇴 걱정 없이 오랫동안 만족할 수 있으므로 더 바람직하고 행복을 가져다 줄 수 있을 거야. 배우자로서도 높은 점수를 줄 수 있고.

결론적으로 본인이 무엇을 좋아하고 어느 분야에서 잘 성장할 수 있는지, 30년 이상 오랫동안 만족할 수 있는지, 10대 때부터 잘 생각해 보고 가능성을 열어놓고 생각하는 게 좋아."

"아, 그렇구나. 나는 의사가 돈을 많이 벌어 좋을 것 같다고 생각했었는데, 왜 하고 싶은지 다시 한번 잘 생각해 봐야겠네."

"맞아. 직업은 자본주의 사회에서 돈을 벌기 위해 꼭 가져야 하지만, 공장의 부속품처럼 일할 필요는 없어. 자기에게 잘 맞는 직업을 찾아 성장도 하고 나아가 생산적으로 일할 수 있다면 행복한 인생을 살 수 있을 거야. 인생은 마라톤이라 오래오래 지치지 않고 일을 해야 하고, 잘 맞는 직업을 찾으면 보람도 있고 생산하는 기쁨도 있고, 은퇴할 때까지 행복하게 일하면서 경제적 독립을 이룰 수 있을 거야."

"그래도, 아빠. 나한테 잘 맞는 직업을 찾아야 하지 않을까?"

"맞아, 이유가 어떻든 잘 만족하고 즐기려면, 너한테 적합한 직업을 찾는 것도 중요하지. 신학자 존 칼빈John Calvin은 직업에는 신께서 불러 주신 calling, 다른 말로 소명해 주신 직업, 천직이 있다고 하지. 직업 소명설이라고도 하는데, 자기에게 주어진 직업 안에서 부지런하게 성실하게 일하고, 절제할 것을 강조하고 근면 성실한 삶을 강조하였지. 이 신의 부르심에서 '천직, 소명 vocation'이라는 단어가 나왔어. 언젠가 네가 많은 고민을 하고 선택을 하고 이직도 하면서, 50세 이후에도 정착해 계속하는 직업이 있다면, 아마 그것이 신께서 네게 주신 일일 거야. 그때부터는 은퇴할 때까지 고민하지 말고, 소명을 가지고 성실하게 일을 해 나가야겠지. 공자는 논어에서 50이라는 나이를 지천명이라고 불렀는데, 50세에 이르면 하늘의 뜻을 깨닫고 순응하는 삶을 살아간다는 의미야.

아빠는 20대 후반까지는 고시 공부를 하며 대학원에 다녔고, 30대 초반까지는 미국 로스쿨과 변호사 활동을 하고, 30대 중반부터는 공부를 다시해 교수가 되었어. 마이애미 대학교에서 보스턴의 노스이스턴대학으로 그리고 마지막으로 2018년 이곳 뉴저지 주립대인 럿거스 대학까지 이직도 많이 했지.

이제 50세가 넘어가는 나이에 이르니 아빠에게 가장 적합한 직업은 누군가를 가르치는 교육자였던 거야. 사람들 앞에서 말하고 강의하는 것을 부끄러워하지 않고, 다음 세대를 교육하면서 보람을 느끼거든. 이곳 뉴욕 맨해튼에서 허드슨강을 넘어 뉴저지에 와서는 신과 더 가깝게 동행하며 그분이 원하시는 삶을 살고 있다고 믿어. 40대 중반에 자리 잡은 이곳에서 아빠의 소명을 알고 이행하게 된 거지."

"아, 그렇구나. 어떻게 하늘의 뜻을 알 수 있을까?"

"음, 좋은 질문이야. 일단 기도를 열심히 해야 하고, 끊임없이 자기와 맞는 직업과 사는 곳을 찾아 나가야겠지. 그러다 정착하는 직업과 사는 곳이 신께서 불러주신 곳일 테고.

물론 신께서 주신 스스로의 적성도 잘 파악해야겠지. 스스로의 적성을 잘 파악하고 싶다면 엠비티아이MBTI로 잘 알려진 마이어스 브릭스 테스트Myters-Briggs test를 내외적 성장이 어느 정도 완성되는 20대 초반에 받아보는 것도 좋아. 최소한 외향적인지 내향적인지에 따라 맞는 직업이 크게 달라지거든. 반대로 결과를 참고해서 스스로의 약점을 극복할 수도 있고. 원하는 직업에 나를 맞춰서 성장하는 데 도움이 되지."

"아, 그렇구나. 나중에 크면 엠비티아이 테스트를 꼭 받아봐야겠네. 그런데 아빠, 경영학과에 가서 애플의 스티브 잡스, 마이크로 소프트의 빌 게이츠, 사티아 나델라나 구글의 순다르 피차이, 테슬라의 일론 머스크, 아마존의 제프 베이조스, 메타의 마크 저커버그, 엔비디아의 젠슨 황 같은 CEO도 될 수 있을까?"

"그럼, 적성만 맞고 그쪽에 꿈이 있다면 할 수 있지. 공학이나 과학 쪽에 학위를 받고 미국에 가서 MBA 경영학 과정을 밟는다면 세계적인 CEO가 될 가능성은 여전히 열려 있지. 스타트업 Start-up 을 시작해서 큰 회사로 키울 수도 있고. 수학, 과학, 경영학 등에 우리 딸이 적성만 잘 맞고, 4차 산업 혁명에 기여할 비전만 있다면 얼마든지 가능해."

"너무 좋다! 그러면 좋은 직업을 구한 다음에는 어떻게 경제적 자유를 이루고 부자가 될 수 있어?"

부자는 행복하지 않다, 그래도 부자가 되고 싶다면

"일단 부자라는 개념은 경제적 자유와 구별되어야 하고, 부자가 된다고 해서 반드시 행복을 가져다 주지 않는다는 것을 알아야 해. 2021년 매슈 킬링스워스 Matthew Killingsworth 교수는 미국인들의 대부분은 행복감이 75,000달러 이상의 수익을 내는 것에서 계속해서 증가하지는 않았다는 것을 발견했어. 미국의 인플레이션이 2025년까지 19.22% 증가한 것을 고려하면, 사는 곳마다 조금씩 차이가 있겠지만, 89,415달러(우리 돈으로 1억 2천 정도) 이상 벌면 행복감이 비슷하다는 거지. 따라서, 백만 불 정도의 자산을 모아서 매년 89,415달러 이상의 투자 수익을 창출할 수 있다면 그 이상을 버는 부자들의 행복감을 부러워할 이유는 없다

는 거야. 다시 말하면, 경제적 자유만 달성한다면 특별히 부자가 되려고 노력하지 않아도 되고, 부러워할 이유도 없다는 거야."

"하지만 고아들을 위해 보육원을 짓거나, 가난한 동네에 학교를 짓는 등 보다 큰 인생의 목적이 있다면 부자가 되려고 해야 하지 않을까? 카네기 Carnegie 처럼 유대인들은 돈을 열심히 모아서 기부를 많이 하잖아."

"맞아 그러면 돈을 더 모아야겠지. 정확한 예산이 필요하겠지만, 꽤 큰돈을 모아야 할 거야."

"돈은 어떻게 모을 수 있는데?"

"일단 돈을 모으려면 직업도 중요하지만 생활 습관을 바꿔야 해. 욕심이 많고 소비 성향이 강하면 절대 돈은 모이지 않거든. 본인이 원하는 것과 필요한 것을 잘 나누고, 필요한 데만 돈을 쓰려고 노력하는 게 중요하지. 고급 식당이나 카페에서 외식을 하고, 멋진 차나 옷이나 가방을 사는 것은 원하는 것이지 필요한 것은 아니거든. 경제적 자유를 이루고 부자가 될 때까지는 욕심을 버리고 원하는 것을 자제하려는 노력이 중요해. 오랜 기간 노력하다 보면 검소한 습관이 들고 돈이 자연스럽게 모이게 될 거야."

"알았어. 필요한 데만 돈을 쓰자! 그러면 돈을 모아서 경제적 자유도 이루고 결국 부자가 되려면 어떻게 해야 할까?"

"일단 부자라는 건 어느 정도의 자산 규모를 가진 사람을 말하는 걸까? 경제적 독립과는 다르게 부자는 그 이상의 노력이 필요한 거야. 가령 은퇴 후에 12억 정도의 자산을 가지고 있다면 매년 10%씩 수입을 거둘 수 있는 투자 계좌에 넣어 놓고 이자에서 나오는 수익으로 풍족하게 노후를 맞이할 수 있겠지. 이는 2025년 기준 인구의 10% 정도 되는 가정이 누릴 수 있는 경제적 독립이야. 그런데 '부자'라고 하면 상대적이긴 하지만 여기서 더 나아가서 한국 인구의 1% 정도에 해당하는 사람이라고 말할 수 있지. 2025년 기준 한국에서 30억 이상의 자산을 가지고 있으면 1% 안에 들어갈 수 있을 거야.

이렇게 많은 돈을 모아서 부자가 되려면 부자가 되고자 하는 열정이 있어야겠지. 단순히 월급쟁이로 월급의 일부를 저축을 하고, 그 돈을 투자하는 것으로 부자가 되기는 힘들어. 돈을 적극적인 열정으로 투자하고 관리하는 게 중요해."

"아, 부자가 되는 건 열정과 인내가 필요하고 더 어려운 거구나."

"맞아. 공부로 전국에서 상위 1% 안에 들어가기가 어려운 것처럼, 경제적으로 전국 1% 안에 들어가는 거는 정말 어려운 일이겠지. 그렇다고 불가능한 것은 아니야."

"열정과 인내에 더하여, 좀 더 구체적으로 부자가 되기 위해 어떻게 해야 할까?"

"투자를 해야겠지. 투자란 돈을 모으는 저축보다는 돈을 움직여서 사업을 하든 부동산을 사든, 주식 채권, 금, 달러 등을 사서 그것이 경제활동에 참여하여 일을 하게 한 다음에, 거기에서 나오는 경제적 이익을 늘려서 본인의 자산 Asset 을 늘려 나가려고 하는 노력을 말해. 이 투자는 위험 risk 을 어떻게 관리하냐에 따라 수익을 많이 낼 수도 있고, 적게 낼 수도 있어. 물론 위험이니까 돈을 잃을 확률도 크게 늘어날 수도 있고, 줄어들 수도 있지. 투자 위험도를 높이면 수익을 낼 확률이 올라가고, 부자가 될 확률이 높아지지. 하지만, 위험한 것은 투자에 실패하면 망할 확률도 그만큼 높아지거든. 그래서 부자가 되려는 사람이 그렇게 많아도 세상에는 부자가 많지 않은 거야. 텔레비전이나 유튜브 같은 미디어에서는 부자들이 나와서 인터뷰를 많이 해서 부자가 많아 보이지만, 이들은 아주 일부의 위험을 높여서 투자에 성공한 사람들이지. 대부분의 사람은 미디어에서 다루지 못할 정도로 투자에 실패를 해. 따라서 부자가 되려면 위험도 risk를 잘 관리를 해야 해.

　예를 들어 투자 유치를 받아 빚을 내어 사업을 시작하는 경우에 열정을 가지고 사업을 성공시키면 큰 돈을 벌 수가 있지. 이공대 학위를 가지고 경영학도 공부하고 해서 투자 유치를 받고 적극적으로 열정을 가지고 10여 년간 키워서 큰 기업에 인수되도록 매력적으로 만들어 팔면 꽤 큰돈을 벌 수가 있어. 물론 시대의 흐름에 맞는 아이디어와 제품화, 마케팅 능력 등 다양한 노력과 열정이 필요하지. 짧다면 짧고 길다면 긴 이 시간 동안 다른 본인의 삶을 포기하고 24시간씩 일주일 내내 일하면서 사업을 키워낸다면 부자가 될 가능성이 높아지지. 물론 위험도도 올라가서 실패할 위험과 확률도 높아. 미국에서는 지난 10년간 약 35% 정도의 스타트업만 살아남았다고 하지.

　비슷하지만 이공계 학위나 전문 경영학 공부를 하지 많아도 할 수 있는 조금 쉽게 부자가 되는 방법으로 은행에서 투자를 받아 부동산에 투자하는 방법도 있어. 레버리지 투자라고 하는데 위치가 좋은 곳에 은행의 빚을 내어 투자를 해서 수익을 내면, 적은 원금으로도 부자가 될 수가 있지. 미국에서는 부동산 투자를 하는 경우에는 위치를 잘 잡아 투자를 하면 매년 평균 수익률 5% 정도의 안정적인 수익을 낼 수 있어.

아빠, 엄마는 학군이 좋고 안전한 도시 외곽의 서버브surburb를 선호하는데, 보스턴 렉싱턴Lexington과 뉴저지 테너플라이Tenafly에 집을 사서 큰 수익을 낼 수 있었단다. 인플레이션이 매년 2~3%씩 오르는데, 집을 가지고 매년 5%씩 수익을 내면 저축한 돈을 가지고 손해를 보는 일은 없지. 특히 2020년 코로나 사태를 겪으면서 미국의 물가가 25% 가까이 올랐는데, 다행히 집값은 50% 이상 상승을 했지.

일단 처음에는 자본금이 부족하므로 30년 정도 고정금리로 은행에서 빚을 내서 집을 사면 안정적인 부동산 투자가 시작될 수 있어. 월세 아파트 가격도 오르기 때문에 집을 가지고 있으면 이런 부담도 피할 수 있고. 원금 1억에 은행 빚 5억 포함 레버리지로 6억 정도 되는 집을 사고, 매년 5% 30년간 복리효과를 노린 투자를 하면 26억 정도로 늘어나게 되는데, 빚을 갚고도 21억이 남아 세금을 내고도 30년 후에는 부자가 될 수 있지.

하지만, 주의할 것은 워런 버핏이 말하듯 부동산 투자는 시간이 오래 걸리고, 사고파는 매매 과정이 힘들뿐더러, 세금 문제든 해결해야 할 것이 많으며, 열정적으로 집을 관리하고 인내심을 갖고 기다려야 해서, 본인이 직접 살집이 아니면 투자하기가 힘들어. 물론, 평생 집값이 오르지 않는 곳에 잘못된 투자를 하면 5%씩 집값이 안 오를 수도 있고, 집을 팔 때 애를 먹기도 하지.

이처럼 부자는 열정만 있어서는 될 수 없고, 시간이 만들어주는 거야. 부자가 되기 위해 본인도 깨닫지 못하는 사이에 욕심이 들어오게 되면, 조바심이 나게 되고 충동적으로 변할 수 있어. 도박처럼 큰돈을 투자해 짧은 시간에 큰 수익을 얻으려고 할 수가 있는데 그러면 실패하기 쉽지.

적당히 자신이 번 것에 만족하고 그것에 감사하고 살며 긴 시간에 걸쳐 인내심을 갖고 탄탄한 투자를 하다 보면 경제적 자유는 이룰 수 있고 돈이 모이면서 행복을 가져다줄 거야. 하지만 부자가 되려고 욕심을 부리다 보면 주어진 것에 만족하지도 감사하지도 못하면서 불행해질 수가 있어. 성경에 따르면 이런 욕심쟁이는 낙타가 바늘구멍에 들어가기 힘든 것처럼 천국 가는 것도 힘들어. 조급하면 실패할 확률도 높아지지. 그래서 아무리 좋은 동기 부여가 있어도, 부자가 되려는 마음은 위험한 거야. 부자가 된 이후에도 욕심을 통제하지 못하고 계속해서 더 많은 것을 바라다 큰 위험을 감수하게 되고 전 재산을 잃어버리기도 하지."

"그렇구나. 욕심을 버리고 경제적 자유만 목표로 해야 할 것 같아. 경제적 자유도 인구의 10% 이내에 들어야 하는데, 어려운 것 같아."

"맞아. 경제적 자유도 쉽지 않은 여정이야. 아까도 얘기했듯이 10억에서 12억 정도만 벌어도 매년 수익률을 잘 내면 한 달에 1,000만 원씩은 나오고, 여행도 가고 가난한 이도 돕고 살아가는 데 큰 어려움은 없을 거야. 이 정도만 이루어도 아빠가 보기에는 충분히 부자라고 할 수 있다고 생각해. 마음도 부자고."

"그렇겠다. 경제적 자유를 이룬 사람들이 부자보다는 더 행복할 수도 있겠다. 욕심도 안 나고 서두를 필요도 없고. 그러면, 거창한 사업이나 무리하게 빚을 내서 부동산 투자를 하지 않고, 자영업 수익이나 월급을 통해 어떻게 해야 경제적 자유를 누릴 수 있을까?"

운이 없다면
복리의 마법을 이해하라

"운이 좋아 복권이나 코인 등 도박을 통해 단기간에 부자가 된 사람도 있겠지만, 딱히 이런 행운이 없다면 경제적 독립을 이루기 위해 일단은 긴 시간이 필요해. 아빠는 어려서부터 복권에도 당첨이 안 되어봐서, 운이 없다고 가정하고 지금까지 살아왔어. 어려운 유학길에 오르면서 할아버지 할머니가 모아두신 은퇴자금도 다 쓰고, 유학 생활 동안 지독하게 가난하게 살았지만 카드 빚만 늘어났었지.

변호사가 된 이후에도 비자 문제가 해결이 되지 않아 학교로 돌아가서 조교를 하며 돈을 벌어 공부를 더 해야 했고, 그러다 우여곡절 끝에 이민 문제도 해결되며 교수가 되었지. 하지만, 교수가 되어서도 첫 몇 년간은 빚을 갚느라고 돈을 모으기가 힘들었어. 만 33세에 처음 직장을 구해 마이너스로 시작해서, 지난 17년간 인내심을 갖고 돈을 모으고 투자를 했더니 이제는 경제적 독립도 이루고 결혼도 하고 우리 딸도 낳고 기르며 행복하게 살고 있지."

"와, 정말 오래 걸렸네."

"맞아. 지금처럼 미국 명문 대학의 종신교수가 되고 경제적 독립까지 이루기까지는 17년의 시간이 걸렸어. 운이 없어 큰 부자가 되지는 않았지만, 오랜 시간을 두고 검소하게 살며 인내심을 갖고 주식과 부동산에 투자를 했지. 그래서 지금은 은퇴 걱정, 돈 걱정 없이 자유롭게 사는 경제적 독립을 이루게 된 거야. 이처럼 투자란 저축과는 달리 오랜 시간에 걸쳐 돈을 주식, 채권, 부동산 등 어딘가에 넣어두고, 돈이 혼자 일을 하게 하여 경제적 이익을 증가시키는 행위를 말해. 안정적인 투자를 한다면 적어도 인플레이션으로 물가가 오르는 것보다 더 큰 수익을 낼 수 있어야겠지.

일단 월급을 30년간 받을 수 있다는 가정하에 복리효과를 이해하면 30년 후에는 경제적 독립을 이룰 수 있다는 것을 알 거야. 이 계산은 인터넷에 있는 금융계산기 finance calculator 를 이용해 보면 쉽게 구할 있어. 챗GPT나 구글 제미나이 같은 생성형 인공지능에게 물어봐도 되고. '1억을 매년 10% 수익을 내어서 10억을 만들려면 몇 년이 필요한가?'라고 한번 물어봐. 그러면 '복리효과로 24.2년 정도의 시간이 걸리게 됩니다' 하고 대답해 줄 거야.

간단하게 72의 법칙을 이용해 구해볼 수도 있어. 72의 법칙은 자산이 2배 되는데 매년 몇 프로씩 수익을 내면 몇 년이 걸리나를 계산해 주는 공식이야.

$$72 = 수익률 \times 햇수$$

쉽지는 않겠지만 매년 10%씩 수익을 낸다고 가정해 보자. 72를 10으로 나누면 7.2가 되는데, 위 계산식을 사용하면 7.2년이 걸려야 자산이 2배가 된다는 것을 알 수 있어. 반대로 7.2년 안에 2배로 자산을 늘리고 싶다는 목표가 있을 때는, 72를 7.2로 나누면 10이 나오니 매년 10%씩 수익을 내면 2배가 될 수 있다는 것을 보여주지.

예를 들어 1억이 있는데 매년 10%씩 수익을 내면 7.2년이 있으면 2억이 될 거야. 그리고 10%씩 더 수익을 내면 14.4년 후에는 4억이 되겠지. 그리고 21.6년 이후에는 8억이 될 것이고. 28.8년 이후에는 16억을 만들 수 있어. 1억밖에 없었지만, 28.8년이 지나면 16억으로 불어나는 게 복리의 마법이지. 처음에는 투자 파이가 시간이 잘 안 늘다가, 투자금이 커져 투자 파이가 커질수록, 나중에는 빠른 속도로 자산이 증가하게 되는 거지. 나중에는 7년 만에 순식간에 8억에서 16억으로 늘게 되는 거야."

"와, 복리의 마법이네!"

"맞아. 마법이라고 부를 수 있지. 중요한 것은 투자의 기초가 되는 1억을 먼저 모아야 한다는 거야. 처음 직장을 구하고 1억을 모으는 데는 최소 10년 정도 시간이 필요할 거야. 힘들게 1억을 모으는 노력을 했다면, 그 이후부터는 같은 방식으로 20년 정도를 더 모으면서 투자를 지속하는 거지. 금융 계산기를 이용해서 계산해 보면, 1억을 기반으로 매달 100만 원씩 투자를 하고, 매년 10%의 수익을 내면 20년 안에 13억 6천만 원으로 자산이 불어나게 돼. 그러면 10억이 넘어가며 경제적 독립이 가능해지지."

"30년의 시간과 10%의 수익! 기억할게!"

"응. 물가가 상승하는 인플레이션을 이기며, 은행에서 주는 저축 이자보다 높은 10%의 수익을 꾸준히 내는 투자를 해야 한다는 게 포인트야. 그 이상 수익을 내고 싶을 수도 있지만 욕심을 버리고 10% 수익만 평균적으로 꾸준히 내도 성공하는 것이라는 것을 잊지 마. 수민이를 도와 주기 위해서 아빠가 『수민이의 미국 주식 투자 스토리』라는 책을 써 놨으니까 꼭 읽어보도록 하고."

"응, 아빠. 고마워!"

통화 시간이 많이 흘렀지만, 아빠와의 대화는 언제나 흥미진진하다. 아빠는 물어보는 것을 척척 잘 대답해 줘서 정말 좋다. 지금은 엄마가 스마트폰을 사주지 않아 궁금한 모든 것을 알 수는 없지만, 아빠가 이렇게 지혜롭게 잘 설명해 줘서 너무 기쁘다. 경제적 자유에 대한 것은 스마트폰이나 인공지능보다도 더 잘 설명해 주시는 거겠지.

경제적 자유를 위한 습관 : 66일의 법칙

"아빠, 그다음에 내가 경제적 자유를 이루기 위해 기억해야 할 것은 또 뭐가 있어?"

"응. 이전에도 아빠가 얘기했지만, 성장을 잘해서 성공을 하고 경제적 자유를 이루려면 우선적으로 좋은 습관을 기르려고 노력해야 해."

"습관!"

"응, 습관. 늘 반복적으로 수행하는 일인데 행복하기 위해 가장 기본적으로 길러야 하는 거야. 좋은 습관은 모든 것의 필수 요건이라고 볼 수 있어. 습관이 제대로 자리 잡혀 있어야 오랜 기간동안 지치지 않고 성장을 잘할 수 있지. 나아가 자기 성취도 하게 되고 복리효과도 이루고 경제적 자유도 얻을 수 있고."

"아, 그렇구나. 어떤 습관을 가져야 하는데?"

"일단은 좋은 습관과 나쁜 습관을 구분하는 게 좋아. 아이러니하게도 좋은 습관은 기르기 힘들면서 깨지기 쉽고, 나쁜 습관은 쉽게 물들면서 빠져나오기 힘들지. 그러니 우선은 나쁜 습관으로 빠져들지 않는 게 좋아. 술, 담배, 마약, 게임, 도박, 향락적 영상 등 몸과 마음의 건강을 해치는 것들로 빠져들지 않는 게 중요해. 이런 것들은 처음에는 쾌락을 크게 주어 도파민 같은 호르몬이 과하게 분비되어 기분이 일시적으로 좋아질 수 있지만, 점점 도파민에 중독이 되어 더 큰 쾌락을 찾게 돼. 점점 더 큰 쾌락이 주어져야만 같은 수준을 만족할 수 있게 되니 더 많은 양과 시간이 필요하게 되어, 중독이 되게 만들지. 결국 한 사람의 시간과 삶을 모두 지배하게 되는 거야.

술도 처음에는 가끔 한 병을 먹던 것이 나중에는 매일 먹게 되고 결국 중독이 되는 것처럼 말이야. 처음에는 쉽게 끊을 수 있다고 생각하지만, 이렇게 나쁜 습관에 빠져들면 결국에는 중독이 되고 의지력은 약해져서 자기 힘으로는 절대 빠져나올 수 없게 되는 거야. 의사나 상담가의 도움을 받거나 심하면 시설에 강제 격리 되어야지 빠져나올 수 있는 지경까지 이르기도 해. 어떤 사람은 그러면서도 평생 그 유혹을 떨쳐내지 못하는 경우도 있지.

그래서 처음부터 굉장히 조심해야 하고, 잘못하여 빠져든 경우에는 빨리 주변에 알려서 빠져나와야 해. 시간이 가면 갈수록 의존도가 더 올라가 주변에서도 도와줄 수 없는 상태가 되거든.

지금까지 예로 든 것들은 사회 구성원 모두가 아는 나쁜 습관이었지만, 찾아보면 쉽게 눈치채기 어려운 나쁜 습관들도 있어. 편리하다는 이유로 부엌 찬장의 손잡이를 이용하지 않고, 반복적으로 오랫동안 문틈을 잡고 열면 그곳에 페인트가 벗겨지고 자국이 남게 되는 것과 같아. 우리 삶 가운데 알게 모르게 스며드는 습관들이지. 앞에서 경제적 자유를 이루기 위해 얘기한 필요한 곳에 소비하는 습관이 아닌, 원하는 것에 소비를 하는 습관이 대표적이지. 사람들에게 보여주기 위해 자랑하기 위해 또는 자존감을 높이기 위해 소비하기 시작하면 그 끝이 보이지 않아 결국 돈이 모이기 힘들어지지.

또한 건강을 해치는 습관들도 있는데, 이는 나중에 건강 악화로 이어져 병원비로 많은 돈을 쓰는 경우도 있어. 가령 과자나 라면 같이 몸에 해로운 음식을 지속적으로 먹는다든가 씻지 않고 게으른 상태로 누워 있는 습관 등 다양한 종류의 나쁜 습관들이 있지. 당뇨나 비만 더 나아가 암과 같은 불치병으로 이어지기도 하지. 요즘은 의술과 약이 발달하여 웬만한 병은 다 고칠 수 있어 100세 이상까지도 사는 세상이라고 하지. 하지만 그만큼 병원비도 많이 부담해야 하므로 경제적 자유를 이루기 전에 이런 병에 걸리면 경제 활동에도 지장이 있을뿐더러, 돈을 모으기 힘들어져 계속 돈의 노예처럼 살아갈 수가 있어.

이처럼 나쁜 습관들은 좋은 습관들을 깨뜨리면서 생길 수도 있고, 아주 사소하지만 처음부터 조금씩 나의 삶 속으로 스며들어 자리를 잡은 경우도 있지. 매일 운동을 하며 건강을 유지하던 사람이 몇 년이 지나고 지루해지자, 운동을 하루 이틀 그만 두었는데 그러다 보니 오랫동안 그만두게 되는 경우도 있고. 처음부터 운동을 왜 해야 하는지 왜 움직여야 하는지를 모르고 나쁜 습관이 드는 경우도 있어. 나쁜 습관은 삶의 다양한 방면에서 나오기 때문에, 일단 나쁜 습관이 있다는 것을 인정하고 깨닫고, 이런 나쁜 습관들에 처음부터 안 빠져 들거나, 빠져나오려고 노력하는 게 좋은 습관을 만드는 시작점이라고 보면 돼."

"나는 어리니까 나쁜 습관에 처음부터 안 빠져야겠네. 요즘 친구들 맨날 유튜브 보는데, 나는 엄마 말 잘 듣고 안 보고 있어."

"잘하고 있네!"

"그럼 아빠, 좋은 습관은 어떤 게 있어?"

"좋은 습관은 행복하기 위한, 성공하기 위한, 성장하고 경제적 자유를 이루기 위한 다양한 것들이지. 좋은 습관은 만들기 힘들지만, 많이 만들수록 너를 더 행복하게 만들어줄 거야. 경제적 자유를 이루려면 소비를 줄이고 필요한 것에만 돈을 쓰려는 습관과 매달 들어오는 돈을 어디에 지출하고 얼마를 저축할 수 있는지를 적어 보고 엑셀과 같은 프로그램으로 정리하는 습관이 좋겠지. 그러다 보면 불필요한 돈이 새어 나가는 게 눈에 보이게 될 거야. 돈이 어느 정도 모여 투자를 시작하게 되면 투자 노트도 만들어서 어느 자산에 얼마만큼의 투자를 하고, 비중을 어느 정도 가지고 갈지 수익률을 정기적으로 체크해 보며 자산이 어느 속도로 어떻게 증가하는지 체크하는 습관도 중요하겠지. 나쁜 상품이나 자산에 투자가 된 경우에는 과감하게 손절하는 데도 도움이 되겠지.

좋은 건강을 유지하는 것은 경제적 자유를 이루기 위한 기본적인 좋은 습관이야. 건강해야 오랫동안 장기적으로 투자도 할 수 있고, 성장도 가능하잖아. 수민이는 아침에 일찍 일어나 학교에 꾸준하게 잘 가는 습관, 학교 가서 선생님 말씀을 귀 기울여 잘 듣고 예습하고 복습하며 친구들도 잘 가르쳐 주면서 메타인지 능력을 키우는 습관, 아침 점심 저녁 시간을 잘 맞추어 건강하게 차려진 음식들을 골고루 먹는 습관, 밥 먹고 잘 양치질하고 치실질하고 자기 전에 깨끗이 씻는 습관, 수영과 줄넘기 등 운동을 꾸준히 하는 습관, 친구들의 말을 잘 들어주고 의사소통하면서 사이좋게 잘 지내려는 습관 등 다양한 좋은 습관을 길러낼 수 있지."

"와, 정말 많구나."

"응. 우리 딸은 이미 잘하고 있어. 어렵겠지만 좋은 습관을 기르려면 평균적으로 최소 66일이 걸린다고 해. 새해에 들어서면 사람들은 새로운 나를 꿈꾸며 '이제 달라질 거야!' 하고 목표를 세우고 습관을 기르려고 하지. 하지만 이 결심은 오래가기 어려워. 마음먹은 것이 3일을 못 간다고 하여 작심삼일이라는 말도 있잖아. 최소 두 달은 꾸준히 해야지 습관이 잡히고, 이를 5년 이상 반복하다 보면 좋은 습관이 완전히 몸에 배게 돼. 나쁜 습관이 사라지는 기간도 그 정도 되겠지. 그때 되면 오히려 안 하면 이상해지고 기분이 안 좋아지지. 오랫동안 열심히 운동을 하고 식단을 조절해서 좋은 몸을 만들고 건강을 유지했는데 하루아침에 망치고 싶지 않거든. 오랫동안 고통스럽게 큰돈을 모았는데, 하루아침에 다 써버리고 싶지 않을 거야."

"66일! 5년! 정말 오래 걸리는구나! 나쁜 습관이 들면 더 힘들겠네. 지난번에 말해준 것 같은데 아빠는 어떤 좋은 습관이 있었지?"

"응. 아빠는 새벽 6시에 일찍 일어나는 습관이 있고, 꼭 11시 전에는 자서 7시간 이상의 수면시간을 유지하려고 노력을 해. 7~8시간 수면을 하는 것이 신체 건강뿐 아니라 인지능력 향상에도 도움이 되거든. 또 우울감이나 걱정의 위험을 줄여주고 감정을 통제하는 데 도움이 되고, 집중력, 생산성, 실행 능력들을 올려줘. 여기에 더해 비만, 당뇨, 심장병과 쇼크 등에 걸릴 위험을 줄여준다는 과학 보고서들이 많이 나와 있지.

아침마다 성경 구절을 읽고 묵상하며 기도하는 습관은 마음을 안정시켜 주고 감정을 통제하는 데 큰 도움이 돼. 명상을 할 수도 있지만, 아빠는 기도를 통해 매일 신과의 연결고리가 끊어지지 않았음을 확인하고 늘 그분과 동행한다는 생각을 하며 삶에 용기를 많이 얻어.

매일 밥을 먹으면 비타민 C를 먹는 습관도 20년 정도 유지를 해 오고 있고, 채소와 과일로 만든 해독주스를 10년 이상 2주에 한 번 만들어서 매일 아침 먹는 습관을 유지하고 있어. 음식을 먹으면 몸에 나쁜 산화가스가 나와 노화를 촉진하는데, 이를 방지하며 노화 속도를 늦추기 위한 거지. 젊은 외모와 건강은 자존감을 많이 올려주거든. 걷기와 달리기, 헬스와 수영 등 근력과 유산소 운동을 20년 이상 동안 계속하며 건강을 유지하는 것, 술과 라면, 과자를 잘 안 먹는 것, 치실질을 매일 꼭 하는 것, 샤워를 매일 하는 것, 일주일에 한두 번 팩을 하는 것, 선크림을 3시간에 한 번 바르는 것도 같은 맥락이야. 청결을 유지하는 습관도 육체적 정신적 건강과 밀접한 관련이 있어서 일주일에 한두 번은 집을 깨끗하게 청소하고 빨래하기, 밥 먹고 설거지 바로 하기, 정원에 매일 나가 30분씩은 나무와 잔디 관리하기도 잘 유지하고 있어. 프랑스에서는 악기를 연주하는 것이 행복의 필수 요건이라고 하잖아. 그래서 피아노나 노래를 매일 연습하는 습관도 유지하고 있어. 행복을 위해 모두 필요한 습관이고, 매일 유튜브나 논문이나 책을 쓰며 생산적으로 살려는 습관도 유지하고 있지."

"정말 많구나! 그러면 경제적 자유를 이루기 위한 구체적 습관은?"

"일단은 검소한 습관이 중요해. 돈이 어느 정도 모인 후에도 처음 돈을 모으기 시작할 때의 검소한 습관을 버리지 않고 오랫동안 잘 유지하는 게 정말 어려워. 그렇지만 모아둔 돈이 빠져나가지 않게 하기 위해서는 검소한 습관이 중요하지. 돈을 많이 모았다고 생활 수준도 올려버리면, 밑 빠진 독에 물을 붓는 것처럼 재산이 모이질 않거든. 경제적 독립도 오래 걸리고 어려워질 거야. 경제적 독립을 이룬 후에도 최대한 검소한 생활을 유지하고, 가성비 있게 사는 게 중요해. 그러면 큰 부자도 될 수 있어."

"가성비?"

"응, 같은 비용을 주더라도 누군가에게 과시하기 위해 화려함을 추구하기보다는 목적에 맞는 효율성을 최대한 낼 수 있는 것들을 사는 거지. 예를 들면 미국에서는 차가 필수품이라 꼭 사야 하는데, 차를 사더라도 사용하는 목적에 맞으면서 오랫동안 고장 없이 탈 수 있는 내구성 좋은 차를 고르는 거지. 한국같이 기름이 안 나는 나라에서는 상대적으로 가격이 싼 전기차를 타면 비용을 줄일 수 있어. 여기에 환경보호도 할 수 있으면서 보조금도 받을 수 있지. 10년 이상 오랫동안 안정성이 보장되고 고장 안 나는 차를 타면 가성비 있게 차를 사게 되는 거야. 게다가, 그렇게 탄 이후에도 감가상각비가 낮아 차 가격이 비싸게 유지되어, 새 차로 바꿀 때 도움이 되는 차면 더 좋고. 물론 대도시나 한국처럼 대중교통이 잘 발달되어 차가 필요 없다면 굳이 살

필요는 없지."

"아, 그렇구나."

"또 다른 좋은 습관은 꾸준히 매달 버는 월급의 일부를 저축하고 투자하는 습관이야. 나중에 월급을 받게 되면 10% 이상을 꼭 세금 연기가 되는 퇴직연금 계좌에 적립식으로 돈을 넣어 투자를 하는 습관을 가지면 좋을 거야. 은퇴할 때까지 세금도 공제되고, 꾸준하게 모으면 파이도 커지면서 복리효과로 부자가 될 수 있을 거야. 이런 계좌는 미국 주식, 채권, 부동산, 현금 등 다양한 종목들을 골고루 가져가는 뮤추얼 펀드나 ETF에 넣게 되어 있어. 뮤추얼 펀드는 장이 끝나고 거래되고, ETF는 장중에도 거래가 되지. 아빠는 SPY나 VOO같이 미국 S&P500을 추종하거나 DIA같이 다우지수의 30개 우량 종목을 추종하는 ETF나 뮤추얼 펀드를 가져 갔으면 좋겠어. 대형 성장주가 주를 이루는 나스닥100을 추종하는 QQQ 같은 것들도 섞을 수 있지. 개별 회사가 망하더라도 이런 ETF나 펀드들은 안 좋은 종목은 빼고 좋은 종목을 넣기 때문에, 장기적으로 우상향하며 올라가는 경향이 있거든. 미국 주식이라고 해도 반은 성장이 둔화되거나 망하거든.

미국에서는 보통 100살까지 산다고 가정하고, 100에서 자기

나이 뺀 것만큼의 퍼센트만 위험한 자산인 주식에 투자를 하는데, 일단은 젊을 때는 20살이라고 20%만 안전자산을 가져가는 것보다는, 6:4로 60%의 위험자산 주식과 40%의 안전자산인 BIL, SGOV같은 ETF 단기채권, 달러를 골고루 가져가는 게 좋을 거야. 적은 돈을 투자해도, 주식시장이 조정을 받아 폭락해도 모은 돈을 안 잃고 지켜내는 게 중요하거든. 떨어진 주식을 싸게 사는 기회도 잡을 수 있고.

50세 넘어서면 5:5로, 60 이후에는 4:6으로 가져가면 좋을 거야. 2년에서 6년 정도마다 주식 시장에 20% 이상 빠지는 폭락이나 10% 이상 떨어지는 조정이 오면 위험자산 비중이 떨어지게 되는데, 잘 놔두었던 안전자산으로 주식을 싸게 사서 비중을 조금 늘려보는 거지. 주식 시장이 너무 과열되면 주식을 사는 것을 멈추고 수익 실현을 일부 해서 안전자산에 돈을 넣어놓고 싸게 살 기회를 기다리고. 이를 전략적 자산배분 Strategic Asset Allocation이라고 하는데 적절하게 자산의 비중 조절을 하면서 투자하면 좋을 거야. 명심할 것은 어떤 경우에도 예측을 하고, 도박을 하거나, 주식을 100% 가져가면서 욕심을 내면 안돼. 욕심이 과해 손해를 크게 보면, 자산의 크기인 파이가 작아져. 그만큼의 시간을 손해 보면서 너의 은퇴는 더 늦어질 수가 있어."

"응, 알았어! 나는 어린이라 어렵지만 나중에 크면 꼭 그렇게 할게. 예측하지 말고, 욕심내지 말고!"

"좋아! 우리 딸! 마지막으로 강조하고 싶은 것은 경제적 자유를 이루려는 습관에 건강을 위한 습관도 꼭 들어간다는 거야. 건강을 위한 습관은 나중에 은퇴 후에도 큰 병에 걸리지 않고, 지나치게 큰 비용을 쓰지 않게 도와주는 보험 역할을 할 거야. 검소한 습관은 계속해서 돈이 저축되고 투자되면 너에게 큰 부를 가져다 주겠지. 하지만, 절대로 건강을 해쳐가며 돈을 모으려고 하지 마. 결국 큰 병 걸리면 장기적으로 도움은 안 되니까. 그래야 아빠도 우리 딸 걱정 안 하고 행복하게 아빠 삶을 살 수 있고."

"응, 알았어. 건강한 좋은 습관을 가지도록 노력할게. 또 뭐가 있을까? 경제적 자유를 얻으려면."

지식과 경험으로
가치를 생산하라

"경제적 자유를 위해 다음으로 중요한 것은 좋은 습관을 가지고 성장을 한 이후에 이것을 생산으로 이끌어서 연결시켜 가치를 만들어내는 거야. 사회에서는 개인에게 가치 있는 사람이 되기를 요구하는데, 이는 가치 창출을 하여 사회에 기여하는 사람이 되라는 의미지."

"가치? 가치가 뭔데?"

"가치는 영어로는 '밸류Value'라고 하지. 자본주의 사회에서는 이 가치를 돈이라고 볼 수 있고, 생산된 상품과 서비스를 돈으로 환산할 수 있지. 다시 말하면 공예품이나 기계 같은 상품을 생산하여 가치를 만들어낼 수도 있고, 교육, 의료, 법률, 금융 서비스를 제공하여 가치를 생산하기도 하지. 가치는 여러 가지 형태로 다양한 과정 가운데 창출되는 거야.

예를 들어 나무나 철 같은 원재료를 가공하여 새로운 제품을 만들어내면 부가적으로 가치를 만들어낼 수 있지. 이것들을 유통시키면서 또 다른 가치를 더하여 상업적으로 팔기도 하고. 선생님이 되면 교육 서비스를 제공하고, 변호사면 법률 자문 서비스를, 은행과 같은 금융기관은 돈을 보관하고 투자를 해주는 금융 서비스를 제공하고, 의사는 사람들을 치료하는 의료 서비스를 제공하면서 가치를 만들어내는 거야. 인공지능과 로봇들을 이용하면 이러한 가치를 만들어내는 과정은 더욱 빨라지고 효율적으로 변하지.

따라서 경제적 자유를 이루려면 성장만 해서는 안 돼. 인생 초년기의 성장을 생산으로 이끌어 가치를 창출해야 의미가 있어. 그렇게 가치를 창출하는 과정 가운데, 그리고 그 생산된 가치가 축적되는 것을 보며 많은 행복을 느낄 수 있을 거야. 답답한 사회에서 벗어나서 휴양지나 바닷가에 놀러 가면 며칠 간은 행복감을 느낄 수 있겠지만, 몇 주가 지나고 몇 달이 지나면 성장과 가치 생산 없이 지나가는 삶에 무료함이 찾아오지. 그러다가 바닷가에서 글을 쓰거나 장사를 하거나 낚시를 하고 배를 만들거나 농사를 짓거나 하면서 다시 성장을 하고 생산을 하면, 다시 행복이 찾아오겠지."

"그러면 나의 성장한 지식과 경험은 어떤 가치로 생산될 수 있을까?"

"가치는 여러 가지 형태로 표현될 수 있는데, 책이나 블로그, 소셜미디어, 기사, 보고서, 그림, 유튜브 같은 영상, 공연, 발표, 교육, 프로그램의 형태로 생산될 수도 있고, 예술 작품이나 로봇, 기계, 차, 스마트폰 등 물건을 만드는 데 쓰일 수도 있지. 웹사이트나 앱을 만들어 파는 경우도 있고. 회사를 창업하여 성공적으로 운영하다 큰 회사에 파는 경우도 있는데 이런 경우에는 큰 돈을 벌 수가 있지. 수민이가 성장 시킨 지식과 경험이 융합이 되면서 생산으로 전환시킬 수 있는 방법은 많이 있고 정말 많은 길이 열려 있어. 어려서부터 다양한 분야에서 성장을 한 사람일 수록 커다란 가치 창출을 하기 쉬울 거야. 생산과 가치 창출의 과정에도 어려움이 있을 텐데 그동안의 지식과 경험과 능력들이 생산의 과정 속에도 새로운 도전과 극복을 하는 데 도움이 많이 되리라고 믿어."

"정말 세상에는 할 수 있는 게 많구나! 구체적으로 이러한 가치들을 잘 생산할 수 있는 방법이 있을까?"

"일단은 어떤 형태의 가치를 생산할 것인가를 정하고, 기획을 잘 해야겠지. 기획이 가치 생산의 성공 여부에 가장 중요한 부분이라고 할 수 있지."

"기획?"

"응, 기획. 기획은 주제와 그에 걸맞은 목표를 설정하고, 이를 달성하기 위해 창의적으로 목차 같은 구성을 하거나 구조를 만드는 걸 말해. 이 구조에 맞춰 리서치를 하여 내용을 채워 넣고, 방안들을 모색해 보는 거지. 간단하게 예를 들면 아빠가 유튜브의 영상을 하나 만들려고 하면 제목을 정하고, 구성을 어떻게 할 것이며, 거기에 걸맞은 내용은 어떻게 창의적으로 넣을 것인가를 생각해 보는 거지. 물론 자료조사, 녹음, 편집과 마케팅 전략까지도 고려할 테고.

사업을 하는 경우에는 어떤 아이템을 어떻게 생산하거나 구해서 누구에게 어떻게 팔 것인가를 미리 기획해 보는 거지. 시대의 흐름을 읽어보고 시장조사도 해보고 좋은 아이템을 선정해야 해. 재료 공급과 생산까지도 고려해 시장 침투와 점유율을 늘려가기 위한 여러 마케팅 전략도 고려해 보는 거야. 물론 가지고 있는 인적 자원과 자본도 고려해야 하고. 실행과 관련해서는 프로젝트 매니지먼트_project management_처럼 구체적인 중간 목표들을 세우고, 그에 맞게 인적자원과 자본과 시간을 배분하고, 위험 요소까지 생각해서 실행에 옮길 수 있겠지. 그다음에는 어떤 유통 경로를 통해 그 물건을 팔 것인가까지 고려를 해야 하고."

"와, 기획이 정말 중요하구나."

"맞아 기획을 잘하고 실행에 잘 옮기면 많은 가치들이 성공적으로 생산이 될 거야."

"알겠어. 아빠 말대로 하면 커서 경제적 자유를 이룰 수 있을 것 같아. 빨리 어른이 됐으면 좋겠다!"

"하하. 우리 딸 어른이 되는 모습을 아빠도 빨리 보고 싶네! 커서 아빠한테 효도도 할 거지?"

"응! 당~연하지! 그런데 아빠, 경제적 자유만 이루면 끝인 거야? 잘 성장하고 생산도 해서, 돈 많이 벌고 성공하면 행복해지는 건가?"

"아니지. 자유에 대해서 좀 더 얘기해 볼까?"

아빠는 지치지 않고 나의 질문에 세심하게 대답해 주면서 설명을 이어갔다. 나는 이런 아빠가 무척 좋다.

권력으로부터의 자유

"경제적 자유는 행복을 위한 여러 조건 중 하나이고, 인간 사회로부터 누리는 자유도 보장이 되어야 해. 물론 경제적 자유가 다른 자유를 보장하는 데 큰 도움을 주지. 자유는 프랑스와 미국 등에서는 국가가 개인에게 최우선적으로 헌법으로 보장해 주는 가장 중요시되는 권리라고 볼 수 있어.

옛날에 사람들은 계약을 맺고 정부를 만들어 정부에게 권력을 주고 사회 질서를 지키도록 했어. 하지만 정부는 이를 어기고 가끔씩 괴물처럼 변하기도 했어. 권위적이고 독재적인 정부로 변하면 사람들의 자유를 빼앗고, 계급사회를 만들어 사람들을 노예처럼 부리기도 했지. 그래서 사람들은 이에 반대하여 목숨을 걸고 스스로의 자유를 찾고자 권력에 저항하고 노력했어. 1789년의 프랑스 혁명이 자유와 평등을 향한 시민의 저항의 가장 대표적인 예이지. 그래서 정부는 법을 만드는 의회의 입법부와 사람들에게 서비스를 제공하는 행정부, 그리고 공정하게 법을 해석하는 법원인 사법부로 권력을 나누고 균형을 이루도록 했어. 삼권분립이라고 하기도 하고, 견제와 균형이라고도 하지. 전 세계 행복 지수를 보면 핀란드, 덴마크, 스웨덴, 노르웨이, 아이슬란드, 스위스 등 국가의 규제가 약한 유럽 국가들이 가장 높게 나오는 이유이기도 해. 물론 경제적 복지 혜택과 서로에게 자비를 베푸는 공동체 의식도 강하고."

"그렇구나. 자유는 소중한 거구나. 그럼 미국, 한국, 중국, 일본은 몇 등이야?"

"미국은 23등, 한국은 51등이네. 일본은 50등, 중국은 60등이고."

"아, 유럽과 미국은 높고 한국, 중국, 일본은 높지 않네."

"그래. 전 세계 GDP 순위로 보면 한국, 중국, 일본도 잘 사는데, 행복감은 높지 않지. 경제적 자유만큼, 위계질서나 규제에서 벗어나 자유롭게 살고 서로 베풀고 사랑하는 것이 중요하다고 볼 수 있지. 사람에게는 누구나 자유의지가 있어 스스로 원하는 것을 말하고, 행동하면서 행복을 느껴. 수민이도 말하고 싶은 것을 말 못 하게 하고, 가고 싶거나 하고 싶은 것을 못 하게 하면 힘들지?"

"응, 그래."

"그래서 자유민주주의 국가 각 나라의 최고로 높은 법인 헌법에서는 사람들의 자유를 보장하는 규정이 있어. 법은 그 사회가 추구하는 이상적인 가치를 반영하게 되는데, 나라별로 조금씩 다르게 정의되지만, 기본적으로 자유, 평등, 행복과 같은 가치를 최우선으로 보호하고 있어. 미국과 유럽, 한국 같은 자유민주주의를 채택한 나라들일수록 이런 자유를 더 많이 보장해 준단다. 물론 북유럽, 미국, 영국, 호주, 뉴질랜드 같은 개인주의적 문화를 반영하는 나라는 위계질서도 없고, 자유의 범위가 가장 넓게 정의되면서 보호를 가장 많이 해주지. 그래서인지, 사생활의 자유, 언론표현의 자유, 집회의 자유, 종교의 자유 등이 사람들의 삶 속에 잘 배어 있어.

물론, 이런 자유는 무제한적인 것이 아니라서 다른 사람의 자유를 침해하지 않는 선에서 누릴 수 있어. 다른 사람의 사생활과 표현, 종교 등도 침해하거나, 간섭하지 않고 잘 존중해 주어야지."

"그렇구나. 권력과 규제에서 벗어나서 자유를 잘 존중해 주는 나라에 사는 것이 행복에 있어 중요하구나."

"맞아. 이렇게 자유를 잘 보장해 주는 나라에 살면 우리 딸의 삶이 더 행복해질 수 있지. 이런 맥락에서, 그다음으로 중요한 것이 문화야. 너만의 가치관과 문화를 존중받는 것도 중요해."

다름을 인정받아라

"문화? 문화가 뭔데?"

"문화는 한 집단의 사람들이 오랫동안 지켜온 삶의 방식과 믿음, 도덕적 가치를 말해. 그 집단의 사람들이 서로 소통하고 이해하고 상호작용하는 것을 도와주지. 문화는 나라별 지역별 가족별로 다양하게 형성이 되는데, 다른 사람의 문화를 잘 이해하고 받아들여 주고, 다양성을 인정하면 그 사람에게 적응하기가 쉬워지지. 문화는 그 집단의 편견이라고도 볼 수 있기 때문에, 잘못 이해하고 배타적으로 접근하면 조화롭고 행복한 사회를 만들어가는 게 힘들어지는 경우가 종종 있어. 행복지수가 높은 북유럽에서는 개인의 자유와 문화적 다양성이 잘 존중되고 있지.

아빠가 수업할 때 사용하는 『문화의 파도를 타고Riding the Waves of Culture』라는 책이 있어. 책의 요지는 전 세계에 걸쳐서 사업을 한다면 각 사회의 문화를 이해하지 못했을 때 실패하는 경우가 많다는 거지. 자유도 마찬가지야. 나라나 집단별로 자유를 이해하고 가치를 부여하는 데 정도의 차이가 있기 때문에 개인의 자유, 더 나아가서는 행복에 있어서도 큰 차이를 불러오거든. 한국, 일본, 중국 등 아시아는 가족 중심의 집단적인 문화의 성격을 가지므로, 개인의 자유보다는 집단의 가치와 위계질서를 강조하지. 한국이나 일본처럼 유교 문화에 영향을 많이 받는 나라는 높임말처럼 언어에서부터 위계질서가 특히 강조되지. 미국, 호주, 뉴질랜드, 유럽의 나라들은 사생활이 가정, 직장, 취미 클럽, 종교단체 등 피자조각처럼 나뉘어져서, 각각의 사생활 영역에서는 그 이상의 질문이나 정보 공유를 안 하는 편이야. 정말 가족처럼 친하게 지낸다면 사생활의 영역을 모두 공유하기도 하지만. 그런데 한국, 일본과 같은 가족적, 집단적인 문화를 따르면 개인의 사생활이 직장과 취미 활동까지 모두 해물파전처럼 겹쳐서 경조사나 집들이 등을 직장 동료들과 함께하는 경우가 많아. 단점은 개인의 사생활과 자유가 제한되거나 침해받는 경우가 많다는 거지. 최근 MZ 세대에서는 좀 더 개인적이고 자유로운 문화로 바뀌어 가곤 있지만, 미국이나 유럽 국가들만큼 사생활과 자유가 존중받고 있지는 못해. 아직은 아빠 같은 X세대가 사회의 지배층에 자리 잡고 있기 때문이지. 따라서, 한국에 살면 이 집단적이고 위계적인 질서에 적응하지 못하면 행복하기가 힘들어."

"아빠는 X 세대구나. 그럼 나는 무슨 세대일까?"

"알파 세대라고도 하는데, 오직 디지털만을 경험한 세대라고도 하지. 10년 뒤에 우리 딸이 살아갈 시대의 문화는 어떻게 변화되어 있을지 궁금하네.

아무튼, 사람은 자유로울 때 가장 행복하지만, 문화적으로나 제도적으로 자유가 제한되고 있는 것이 현실이고, 여성, 장애인, 사회적 약자에 대한 사회적 보호가 더욱 개선 되어야 해. 따라서 직장을 구할 때나 배우자를 만날 때나 너의 자유가 최대한 보장될 수 있는 선택을 해야 네가 더 행복할 수 있을 거야. 무작정 돈과 사회적 시선만을 고려해서 대기업이나 공무원 사회 같은 위계질서가 강한 직장에 다니며 그런 문화에 젖어 있거나 강요하는 배우자를 선택하지 말고, 평등하게 같이 일할 수 있는 사회에서 팀team으로 함께 살 수 있는 사람을 선택하는 것이 좋지. 가족이나 친인척 등 상대의 문화적 배경 등을 모두 고려해서 최선의 선택을 하기를 바라.

　마지막으로 사람들이 쌓아온 문화와 성격을 너의 의지로 바꿀 수 있다는 생각은 버리는 게 좋아. 성장하고 변화하고자 하는 성향이 있어서, 너를 위해 본인이 어려서부터 쌓아온 문화와 가치관을 깨뜨릴 수 있는 사람도 있긴 하겠지. 하지만 대부분의 사람은 자기가 자라온 문화와 타고난 성격을 이겨내기는 힘들거든. '사람 고쳐 쓰는 것 아니다'나 '사람 변하면 죽는다'라는 말을 하는 사람은 일단 성장하거나 변화될 생각이 없는 거야. 고정적인 마음을 가지고 너의 생각을 받아줘서 긍정적이고 적극적으로 변화를 모색하는 것이 아니라, 내가 남자고, 경험이 많고, 나이가 더 많으니 내가 시키는 대로 따라오라고 하는 사람은 과감하게 정리하는 것이 좋아. '무식한데 고집과 신념까지 있으면 위험하다'라고도 하잖아. 귀와 마음을 열고 스스로 틀릴 수도 있다고 생각하는 겸손한 사람이 아니면 결국에는 지속적으로 갈등을 야기시킬 수밖에 없어. 처음에는 사랑과 좋은 감정으로 이런 것들이 덮어지겠지만, 시간이 지나면서 점점 서로에게 단점으로 보이게 되거든. 네가 너 자신으로서 성장시키고 쌓아온 가치관과 문화를 바꾸어서 누군가에게 맞출 수 있다면 상관없겠지. 하지만 상대방의 말만 따라 네가 계속 변화하는 상황이 너를 불행하게 만든다면, 잘 생각해 보고 과감하게 다른 사람이나 직장을 알아보는 것이 너의 인생을 더욱 행복하게 할 거야."

"어렵지만, 알겠어, 문화적으로 잘 맞는 사람과 직장을 구하는 것은 정말 중요한 것이구나. 아빠. 명심할게!"

고독을 즐겨라

"법적인 자유와 문화적 자유 이외에 행복에 필요한 다른 자유도 있어. 다른 자유에 관해서 조금 더 얘기해 볼까?"

"다른 자유?"

"응, 성경에는 '사람에게서 기쁨을 찾지 마라'라는 말이 나오지. 사람들에게서는 기쁨을 찾는 데 한계가 있고, 오히려 사람들과 멀어질수록 행복감은 더 올라갈 수가 있어."

"나는 친구들하고 노는 게 좋은데. 친구들하고 떨어지면 슬플 것 같아."

"맞아. 친구들과 놀아서 기쁨을 찾으면 좋은데, 그 친구들과 멀어지거나 떨어지면 다시 슬프지. 친구들과 놀 때의 즐거운 감정은 일시적이라는 뜻이기도 해.

그런데 여기서 아빠가 말하는 사람들과 멀어질수록 행복하다는 것은 우리 눈에 보이는 물리적인 신체적 거리감이랑은 차원이 조금 달라. 그것보다는 친구들하고 있을 때는 즐겁게 놀지만 친구에게 의존하지 않고 혼자 있을 때도 충분히 즐겁고 기쁠 수 있다는 말을 하는 거야.

미국인들은 대체로 처음 본 사람이더라도 만난 자리에서는 즐겁게 이야기하며 행복한 시간을 보내거든. 일로 다시 만날 사이가 아니면 깊은 인연은 만들지 않고 뒤돌아서면 잊어버리는 정도의 거리를 유지해. 주어진 상황에서 주어진 사람들과 기쁘게 보내고, 다른 상황으로 이동하면 거기에서 주어진 상황에서 또 다른 사람들과 기쁘게 보내고. 미국인들은 50% 이상이 외향적인 성향을 갖고 있어서 사회 활동을 즐기는 것일 수도 있지만, 주어진 상황에서 주어진 그룹과 최선을 다해 즐거운 시간을 가지려고 노력하는 파티 문화가 그들을 더 행복하게 만드는 것이 아닌가 해. 꼭 클럽이나 재밌는 곳에 찾아가지 않아도 언제 어디서든 누구와도 행복할 수가 있는 거야.

게다가 뒤돌아서면 미련을 가지지 않고, 앞만 보고 가므로 혼자 있어도 슬프거나 우울할 이유가 없지. 혼자서도 고독을 즐기면서 자기만의 일을 찾고 자기만의 기쁨을 찾아가지. 이런 크리스천 사상이 깊게 자리 잡은 미국과 유럽은 혼자 있는 고독의 시간을 더 즐기지. '무소의 뿔처럼 혼자서 가라'라는 소설 제목처럼 애정이나 감정에 휘둘리지 말고, 진리에 의지해 자신을 믿고 당당하게 나아가는 불교의 사상과도 비슷하지.

고독과 외로움을 구분해서 생각하면 이해가 더 잘될 거야. 영어로 치면 고독은 'solitude'라고 표현하고 외로움은 'loneliness'라고 볼 수 있어. 외로움은 사람들을 만나면 기쁜데 헤어지거나 공백이 생기면, 허전하고 슬퍼지는 감정이라고 볼 수 있어. 하지만 고독은 공백이 있다고 혼자라고 생각하지는 않아. 하늘을 보거나 자연을 관찰하거나 성경을 읽거나, 늘 옆에 신께서 동행하고 있고 지켜보고 보호해 주고 있다고 생각하지. 이렇게 생각하면 사람을 만나든 안 만나든 큰 차이가 없어져. 나는 신 앞에서 존재만으로도 귀중하고, 신께서 사랑을 끊임없이 부어주어 당당하게 나만의 삶을 살 수 있는 거야. 신께 감사하고 살면, 신은 늘 우리와 함께하시고, 기쁘고 행복한 감정이 마르지 않을 거야. 언젠가 세월이 지나 엄마 아빠와 친구들도 모두 떠나게 되어도 혼자 남게 된다는 두려움 없이 고독을 즐기게 될 거야. 이렇게 할 수 있는 방법에는 여러 가지가 있지. 늘 기도하고 성경을 읽고 묵상하고, 신께서 원하시고 이끄시는 삶이 어떤지를 잘 분별하여 선한 삶을 살면 신께서는 늘 우리와 함께하실 거야."

"아, 고독! 어려운 말이지만 멋진 말이네. 꼭 명심할게."

비교와 질투는
불행의 시작이다

"고독한 사람은 혼자 있음을 즐기고 누가 보지 않더라도 혼자만의 삶 속에 만족하고 기쁨을 찾아나가지. 아빠는 가끔 자연을 보고 하늘을 보며 신께서 늘 함께하신다는 것을 인지하려고 해. 그럼 중요한 발표를 하거나 힘든 일이 있을 때도 기도를 통해 성령님처럼 신께서 함께하고 있다는 것을 느낄 수 있고, 그러면 자신감이 생기면서 금방 회복할 수 있지. 떨림도 사라지고 정신이 많이 안정되고 힘도 많이 나거든.

무엇보다도 나만의 길을 묵묵히 걸어가기 때문에 다른 사람들의 시선과 비교로부터 자유로울 수 있어. 비교하지 않고 비교당하지 않는 자유만큼 사람을 기쁘고 행복하게 만드는 것도 없을 거야. 돈과 명예로 너를 비교하는 사람은 멀리하고. 아빠는 이런 사람들은 향기가 안 좋다고 생각하고 멀리해. 나를 믿지 못하고 내가 믿지 못하는 사람들도 멀리해. 손해가 나는 투자를 빨리 손실 처리 하는 손절을 해야 피해의 폭을 줄이고 다시 일어날 기회를 찾을 수 있는 것처럼, 인간관계도 향이 안 좋은 사람을 빨리 끊어낼수록 너는 더 행복해질 거야."

"와, 너무 좋다!"

"비교를 해서 누군가보다 더 나아야 하고 이겨야 하는 마음이 들기 시작하면 질투가 시작되거든. 비교 대상보다 부족하다고 느끼기 시작하면 그러한 마음이 나를 소용돌이처럼 사로잡기 시작해. 그 생각에서 벗어나지 못하고 스트레스를 받고 성장은 둔화되지. 결국 보는 시야마저 좁아져 큰 그림을 보지 못하고 사회적으로 큰 성장을 하기는 힘들 거야. 본인의 삶의 목적과 목표들에 계속해서 집중해서 앞으로 묵묵히 나가야 하는데, 자꾸 옆이나 뒤를 보면서 그러한 비이성적인 정념들이 발목을 잡는 거지. 목표를 향해 가는 길에는 장애물에 부딪혀 보고 실패도 하지만 극복도 하고 성장하면서 스스로 조금씩 발전한 모습을 보며 자존감을 계속해서 키워 나가는 것이 행복해지는 데 굉장히 중요해."

"비교하는 것은 안 좋구나. 어떻게 해야 비교를 안 할 수 있을까?"

"일단 물질적인 것으로 비교를 하고 자랑을 하는 사람은 피하는 게 좋고. 그 외에 노력으로 성공한 사람들을 보면 상대방의 노력을 인정하고 칭찬해 줘. 결과도 중요하지만 계속해서 성장하는 상대방의 노력을 인정하고, 너도 배울 점이 없는지 잘 찾아보고. 열 가지 면 중에 단 한 가지라도 네가 배울 점이 있다면 그것을 배우려고 노력해 봐. 너는 이미 네가 가진 열 가지 장점에 하나를 더 추가하게 되어 열한 가지의 장점을 가지게 되는 거니까. 질투하는 것보다는 상대방의 다양성을 인정하고 존중해 주는 것이 너를 더욱 자유롭게 해줄 거야."

"정말 좋은 충고네. 고마워, 아빠!"

"고독하게 살며 얻는 인간의 자유를 20~30대에 이루는 것은 쉽지 않을 거야. 어쩔 수 없이 인간 사회에 적응하고 경제적 자유를 이루어 나가야 하기 때문이지. 나중에 취업한 후에 승진하고 사업체를 넓혀 나가는 등 경제적 자유를 위해서 일할 때는 인맥을 형성하고 네트워크를 구성하는 것만큼 중요한 게 없거든. 이렇게 사회생활을 하면서 자신만의 자유를 유지해 나가는 것은 정말 어려운 일이야. 집단사회생활과 자유는 잘 어울리지 않는 개념일 수 있고, 한국과 같은 동양사회는 집단과 위계질서를 강조하기 때문에 자신만의 자유를 찾기는 정말 힘들어. 사람들의 비교로부터도 완전히 자유로울 수 없지. 하지만 시간이 지나면서 사회적 지위도 오르고 경제적 자유를 동시에 이루면서 너는 결국 행복으로 가는 자유를 가지게 될 거야. 그 과정 가운데 신께서 늘 너와 함께하시면, 언제 어디서나 늘 정신적으로 자유를 누리게 될 것이고."

대화의 기술이
너를 자유케 하리라

"아빠, 정신적 자유 외에 구체적으로 나이가 들어 사회적 지위가 오르기 전에 자유를 획득할 수 있는 방법은 없을까?"

"일단 경제적 자유를 찾을 때까지는 어느 정도 개인의 자유는 희생을 해야 하고 인내를 해야 할 수밖에 없어. 40대 중후반이 되어서 경제적으로 어느 정도 자유로워지면 네트워크 같은 인맥이 크게 필요 없게 되고, 홀로 자유롭게 지낼 수 있는 기회가 더욱 많아지지. 하지만 그전까지는 일과 삶 사이의 균형을 잘 맞추려는 노력이 중요해.

사회에서 잘 살아가려면 인터퍼스널 스킬Inter-personal skill이 무척 중요해. 이건 쉽게 말해서 대화의 기술을 말하는데, 하워드 가드너Howard Gardner의 다중지능이론[2]에 나오듯이 가장 중요한 인간의 지능 중에 하나이지. 일도 공부도 중요하지만 사회 생활을 하며 대화의 기술을 잘 키워서, 자신만의 이익과 자유를 최대한 확보할 수 있는 상황을 잘 만들어내는 것이 중요해.

상대방에게 원하는 것이 있다면 먼저 상대방과의 관계personal relationship를 좋게 만드는 게 중요해. 상대방이 좋아하는 것이 무엇인지, 취미는 무엇이고 문화적으로 어떤 가치관을 바탕으로 살아왔는지. 질문을 많이 하고 들어주며 공감대를 형성시켜 가면 좋은 관계가 잘 시작될 거야. 함부로 단정하고 판단하거나 일차원적인 조언을 하기보다는 질문을 하고 잘 들어주는 게 시작이라고 보면 돼.

의사소통이론communication theory에 따르면 듣는다는 것listening은 구체적으로는 귀로 듣기hearing, 거르기filtering, 기억하기memorizing의 3단계로 이루어져 있어. 그냥 소리를 듣는 것에서 끝나는 게 아니라, 거르기 과정filtering을 통해 본인의 기준에서 상대방과의 관계를 유지하는 데 중요한 것들을 구분하고 분리해 내서 그것들을 기억memorizing하는 데서 끝나는 거지. 상대방의 이름을 기억

---

[2] 가드너의 다중지능이론에서는 7가지로 인간의 지능을 설명하였는데, 언어, 논리 수학, 공간, 음악, 운동, 의사소통, 내적 통제, 자연 지능을 제시하였다. 그는 사람들이 이 다양한 지능을 다르게 소유하고, 발전시킬 수 있다고 믿었다.

해 주고, 상대방이 좋아하는 음식과 음료수, 취미를 기억해 주고, 직업, 사는 곳, 자란 곳, 가족관계들을 기억해 주는 거야. 무엇보다도 상대방이 살아가는 데 가장 우선으로 생각하는 인생의 목적과 가치관에 호응해 주고 기억해 주는 것이 제일 중요해. 기억이 힘들면 적어놓는 것도 괜찮고. 이성적으로 분석하고 판단하고 평가하기보다는 상대방이 살아가는 삶의 이유를 이해하고 인정해 주면서 호응하는 거지. 감성적인 면에서 상대방의 호감을 받는 게 중요해. 다시 만나도 그런 것들을 기억하면서 이야기를 나누면 상대방도 자신에 대해 기억해 주는 것에 대해 고마움을 느끼고 신뢰를 쌓아갈 수 있지."

"듣는다는 것은 기억한다는 것이구나. 적어놓는 것도 중요하겠네. 그 이외에 중요한 대화의 기술은 뭐야?"

"대화의 기술은 일종의 처세술이라고도 할 수 있지. 예스맨이라는 말 알아? 누가 부탁을 하거나 위에서 시키는 일에 대해서 언제나 '네yes'라고만 대답하는 사람을 말하지. 그런데 그것보다는 자신의 의견과 입장을 당당하게 얘기하고, 거절할 수 있는 상황에서는 당당하게 '아니오no'라고 대답하는 게 장기적으로는 너에게 좋을 거야. 자기 생각을 마음 속에 가두어 두고 남의 의견에 애매하게 끌려다니면 행복할 수가 없거든.

아빠는 어려서부터 마음이 약해서 거절을 잘 못하는 스타일이었는데, 그러다 보니 몸과 마음이 많이 힘들더라. 신용도 없는 친구에게 돈을 빌려줬다 못 받은 경우도 있고, 내키지 않은 일인데도 억지로 맡아서 했다가 고생한 적도 있지. 가고 싶지 않고 만나고 싶지 않은 사람을 만나서 시간을 낭비해 본 적도 있고. 나중에 돌이켜봤을 때 처음부터 깔끔하게 거절을 했으면 오래 관계가 더 좋게 지속될 수 있는 상황이 많았는데도, 거절하면 당장 상대방의 감정이 상할까 봐 들어줬다가 결국 중간도 못 가고 후회하는 상황이 자주 있었어. 인생은 마라톤이라 적절하게 거절을 해줘야 너무 무리하는 상황을 피할 수 있고, 너도 지키고 상대방과의 관계도 오랫동안 지속시킬 수 있다는 것을 잊지 마."

"그러면 아빠 거절하기 힘든 상황이면 어떡해? 나는 힘이 없고 약해서 어쩔 수 없이 들어줘야 한다면."

"거절하기 힘든 상황이면 협상을 해서 조건을 걸어보는 것도 좋아. 내가 이것을 해주면 무엇을 해줄 건지 물어보며 거절을 시도해 보는 거지. 직장에서 정해진 일 이외의 일을 요구하는 경우에는 승진이나 평소에 생각해 놓았던 것을 조건으로 걸어볼 수 있을 거야. 친구나 주변 지인이 뭔가를 요구할 때도 좋은 사람으로 남아 있기보다는 상대방은 나를 위해 무엇을 해줄 수 있는지 약속을 받아보는 것도 좋아. 만약, 모든 대화의 기술을 잘 이용해도 협상이 되지 않았고, 불법적이거나 너의 자유를 심하게 해치는 상황이라면 얼른 그 상황을 빠져나오도록 해야 해. 직장에서라면 잘 참고 있다가 경력이 어느 정도 쌓여 직장을 옮길 수 있으면 옮기도록 하고, 그 외의 인간관계에서는 빠르게 사람을 정리하는 게 좋아.

앞서 말했던 것처럼 인생은 마라톤이라고 볼 수 있어. 경제적 자유를 획득하고 힘이 생길 때까지는 거절을 잘하면서 너를 힘들게 하는 인간관계를 잘 그리고 빠르게 정리해야 해. 그렇게 자신의 정신적 물리적 자유와 시간을 최대한 확보하면서 가야 행복하게 잘 인내하면서 견딜 수 있을 거야. 아빠는 10대에는 100% 공부에 전념했다면, 20대에는 90%만 학업에 전념하고, 30대에는 80%만, 40대 이후에는 70%만, 50대부터는 60%만 본업과 경제 활동에 집중하려고 노력해 왔어. 나머지 에너지는 아빠만의 시간을 만들고 자유롭게 살려고 노력했지. 인간관계도 적당히 잘 유지하고 거절도 잘하면서. 그런 결과, 항상 행복하고 지치지 않고 지금까지 잘 온 것 같아."

"거절을 잘하자! 좋은 방법이네!"

결혼! 할 거라면 행복을 위한 배우자의 세 가지 조건

"마지막으로 좋은 배우자를 찾는 방법과 결혼에 관해 얘기해 볼까?"

"결혼! 아직 멀었는데."

"그래도 결혼은 인생의 중후반부를 결정짓는 중요한 분기점이기 때문에 먼저 생각해 두는 게 좋아. 나중에 아빠가 너와 함께 있을지 어떨지 모르니 미리 얘기해 줄게."

"응 알았어."

"미국 국가 건강 기구 National Institutes of Health에 따르면 결혼은 인생에 더 큰 행복감과 만족감을 가져다준다고 해. 사회적으로 자신을 평생 지지해 줄 자기 편이 생기는 것이고 홀로 있을 때보다 심리적 안정감을 준다고 알려져 있어. 둘이 같이 벌면서 한 집에 살기 때문에 경제적으로도 독립을 할 수 있는 가능성이 높아지고, 사회적 안정감이 생긴다고 하지. 아이를 낳고 육아를 하는 것은 부담이 될 수 있지만, 결혼은 대체적으로 더 행복한 길로 너를 이끌어줄 거야. 하지만 행복한 결혼을 위해서는 전제 조건들이 있어."

"전제 조건!"

"응, 반드시 조건을 만족시켜야 결혼이 행복할 거야.
첫 번째로 너의 자유가 보장되어야 해. 생각해 보면 결혼은 서로의 자유를 구속하는 것이라 행복의 기본 조건과는 상반되지. 따라서 결혼이 배우자의 자유를 구속하게 되면 안 하는 게 더 나아. 이런 이유때문에 요즘은 비혼주의자들이 많아지는 것 같아. 강한 힘으로 너의 자유를 구속하고 네가 원하지 않는 방향으로 너를 이끌어 가려는 사람은 피하는 게 좋아. 힘으로는 상대방을 단기적으로 따르게 할 수는 있어도 오랫동안 이끌 수는 없어. 자신의 삶이 배우자에게 노예처럼 끌려다니기를 원하는 사람은 없을 거야.

경제적, 육체적 힘이 강해서 너의 자유를 구속하는 사람도 안 좋지만, 간접적으로 너의 자유를 훼손하는 상황을 만드는 것도 좋지 않아. 예를 들면 양쪽 부모들의 간섭이 심해 문화적으로 강요를 한다든가, 집안에 대소사가 많아 억지로 참여해야 하는 상황이 많다면 적극적으로 다시 고려해 보아야 해. 이런 문제는 너의 힘으로 바꿀 수 있는 문제가 아니고, 너는 그럴 힘도 없을 거야.

그 이외에도 자유가 제한되는 경우는 본인만의 사생활과 자유 활동이 보장되지 않고, 집안일과 육아에 자유가 지나치게 제한되는 경우지. 혼자 살 때는 부담이 없던 가정일이 두 사람이나 그 이상이 되면 배로 커지거든. 또 집안의 다양한 행사들에 끌려다니며 챙겨야 하는 상황들과 원하지 않는 배우자의 취미나 사회생활에 동참해야 하는 경우들이 있을 수 있어. 이런 경우 경제적인 도움을 받아 경제적 자유를 이룰 수는 있지만, 근본적인 본인의 자유는 크게 제한을 받아 행복할 수가 없어. 따라서 결혼을 한다면 부모들의 문화에서 벗어나서 배우자와 너 둘만의 독립된 가정을 이룰 수 있는지를 꼭 봐야 해. 드라마 〈폭싹 속았수다〉에 나오는 주인공 양관식처럼 너만 생각하고 너의 자유를 최대한 존중해 줄 수 있는 배우자를 만나야 해. 엄마는 아빠를 양관식 같다고 한단다."

"나도 아빠 같은 남자 만났으면 좋겠다!"

"하하. 그래.

두 번째로는 너와 성격과 취미가 맞아야 해. 상대방 때문에 원하지 않는 취미와 활동으로 억지로 끌려다니거나, 반대로 서로 다른 영역에서만 활동하게 되면 부부관계가 지속되기가 힘들겠지. 마이어스 브릭 테스트, 소위 엠비티아이(MBTI)를 보면 서로 성격이 잘 맞는지를 알 수 있을 거야. 외향적인지 내향적인지, 합리적인지 감성적인지. 이런 성향들이 잘 맞으면 서로의 취미도 비슷할 것이고, 함께 같이 자유를 누릴 수 있는 시간이 많아지겠지.

서로 성격이 맞지 않는 경우에는 고치기가 힘들어. 사춘기가 지나 어른이 되면 스스로 합리적이라고 생각하는 성격과 습관들을 만들어내는데, 상대방을 네가 고칠 수 있다고 착각하면 안 돼. 변할 수 없는 사람을 변화시키려다 보면 잔소리가 되고 그 잔소리로 둘 사이의 사이가 점점 더 벌어지지. 자기 성격과 습관을 살면서 만들어온 나름 합리적인 것이라고 생각하고 거기에 고집이 있다면, 자신의 문화와 자유를 존중하지 않는다는 이유로 너와의 관계가 더 멀어질 수도 있어. 부모님도 잔소리로 자식을 바꿀 수 없는데, 네가 배우자를 변화시키려고 하는 것은 오만일 수도 있는 거야. 따라서 있는 그대로를 보고 판단하고 선택하는 게 합리적일 거야.

하지만 긍정적으로 배우자를 선택할 때 일단은 이 사람이 성장형 마인드셋growth mindset을 가졌는지 고정형 마인드셋fixed mindset을 가졌는지를 파악해 보자. 성장형 마인드셋을 갖고 계속 좋은 쪽으로 너를 위해 변할 수 있는 사람이면 변할 가능성이 있을 거야. 성장은 인내를 가지고 오랫동안 노력해야 도달할 수 있는 것이기 때문에, 쉽지는 않아. 너의 끊임없는 노력도 필요하고. 아빠도 결혼 전에는 나쁜 습관과 성격들이 있었지만 엄마의 끊임없는 인내와 노력으로, 또 교회를 나가면서 신의 도움을 받고 많이 변했어. 엄마는 그런 아빠의 변화를 높이 사는 것이고."

"아, 그렇구나. 정말 나와 잘 맞고 나를 잘 보호해 주고 자유를 존중해 주는 사람을 잘 선택해야겠다."

"맞아. 부부가 하나의 팀을 이루어 사회적 경제적으로 자유를 이루는 것도 중요하지만 서로의 자유를 존중하고, 서로의 배려에 늘 감사하며 사는 커플이 행복한 삶을 살아간다고 볼 수 있겠지.

마지막으로 많은 사람들이 알고 있지만, 가장 이상적인 배우자는 너를 죽을 때까지 사랑해 주는 사람이야. 사랑으로 너를 이해해 주고 너의 호의를 당연한 것으로 생각하지 않고 늘 감사하며 사랑으로 너를 감싸안아 주는 사람이지."

"와, 사랑? 아빠 엄마처럼 날 사랑해 주는 사람?"

"맞아. 아빠가 지금 말하는 사랑은 처음 눈이 맞았을 때 일어나는, 단순한 일시적인, 충동적이고 감정적이고 화학적인 작용의 사랑이 아니지."

Part 3

◆ 인생 말년 결승선 ◆
사랑이 행복이다

이성logos을 넘어서

벌써 12월. 시간이 흘러 크리스마스가 다가오고 있다. 아빠는 가을에 한국에 다녀갔지만 이번 크리스마스도 아빠랑은 떨어져 보내야 한다. 어렸을 때 엄마 아빠랑 함께 뉴욕에서 보았던 록펠러Rockefeller 센터의 크리스마스트리가 기억난다. 엄마 아빠와 함께하는 시간들이 내게는 가장 기쁘고 행복하다.

오늘도 엄마는 스마트폰을 건네주며 아빠를 바꾸어주었다.

"아빠!"

"응, 우리 딸! 잘 지냈어?"

"응, 잘 지냈어. 이제 곧 방학에 크리스마스야! 미국 가고 싶다!"

"아빠도 우리 딸 많이 보고 싶네. 아빠는 곧 방학이지만, 미국은 1월부터는 또 개학이라, 성적 처리도 해야 하고 조금 바쁘네. 우리 딸 미안하지만 내년 여름에 미국에서 또 보자! 착하게 엄마 할머니랑 잘 지내면 이번 크리스마스에는 산타클로스 할아버지가 좋은 선물을 주실 거야."

"응, 알았어. 착하게 엄마 할머니랑 잘 지낼게. 좋은 선물 받았으면 좋겠다."

"그래. 이제는 크리스마스도 오고 하니, 지난번에 하던 사랑에 관해 좀 더 얘기해 볼까? 자유를 이룬 후에 무엇을 할까 고민을 할 때 사랑에 집중하는 게 좋을 것 같아."

"그래~"

"사랑은 행복하기 위한 필수 요건이라고 볼 수 있어. 사람들이 가지고 있는 원초적 문제들을 궁극적으로 해결할 수 있는 고귀한 감정이지. 화나고 짜증 나고 슬프고 우울하고 기쁘고 이런 감정은 파토스phatos라 부를 수 있고, 인간이 원시시대 때부터 가져온 것들이야. 이러한 감정들을 보통 사람들은 이성, 로고스logos를 통해서 통제하면서 사회생활을 해나가.

사람 뇌의 전두엽이란 곳은 사람의 이성을 통제하는 부분이야. 이 전두엽에서는 이성적으로 나를 통제해 사회생활이나 다른 사람들과의 관계에서 감정을 조절할 수 있게 도와주지. 함부로 화를 내지 않고 슬픈 상황에서도 이성적으로 참고 극복할 수 있도록 도와주는 거야.

하지만 이 전두엽은 사람이 피곤해지고 지치면 잘 통제가 되지 않아. 아침에 일어나서나 종일 힘들게 일을 하고 집에 돌아왔을 때나 병에 걸려 아플 때, 미움과 원한이 마음에 가득할 때는 이성이 말을 듣지 않는 경우가 많아. 특히 부부나 부모형제 사이처럼 보는 눈이 없는 가족 관계에서 통제가 안 되는 상황이 많이 벌어지지. 어떻게 보면 더 잘해야 하는 관계임에도 이성적 통제가 되지 않아 관계가 악화되는 경우가 더 많아. 사회 생활에서는 개인간의 관계가 틀어지면, 지속적으로 업무를 보는 데 영향이 있기 때문에 이성이 잘 통제되는 편이거든. 그래도 스트레스나 억울한 상황이 누적되다 보면 그 이성이 잘 작동하지 못하고 화를 내고 싸우는 경우도 많이 있지.

이처럼 이성이 통제하지 못하는 상황을 더 큰 감정으로 해결할 수가 있는데, 이것이 사랑eros이야. 사랑하는 사이에서는 상대방의 실수가 이해되지 않아도 받아주게 돼. 도서관에서 누가 시끄럽게 떠들면 신경이 많이 쓰이고 화가 나지만, 호감 있는 상대가 떠들면 신경이 쓰이더라도 화보다는 궁금증이 일어나지."

"아, 사랑은 중요한 거구나."

"그래, 사랑은 우리가 생각지도 못한 가족과 사회의 문제들을 해결할 수 있는 궁극적인 해결책이고, 이것이 너에게 행복을 가져다줄 거야."

스스로를 사랑하라

"그러면 아빠, 사랑은 받는 게 좋아, 주는 게 좋아? 행복하려면 둘 다 필요한가?"

"부부관계와 사회관계에서는 사랑을 주고 받는 것이 관계 유지를 위해서 중요하고, 행복한 관계로 이어지겠지. 하지만 큰 틀에서 보는 행복에 있어서는 사랑은 받아도 행복하고 나눠주어도 행복하지. 지금은 수민이가 엄마 아빠의 사랑을 듬뿍 받으면서 자라니까 행복한 거야. 물론 부모님이나 할머니, 친척, 그 외 법적 보호자 등의 사랑을 흠뻑 받고 자라는 어린아이 시기에는 이런 사랑이 당연하게 느껴지겠지. 사랑이 왜 중요한지 모를 거야. 주변에서 학대받거나 사랑을 못 받고 자라는 아이들을 보며 어렴풋이 더 행복하다고 느낄 수도 있겠지만, 다른 아이들의 가정 상황과 속마음을 다 알 수 있는 것도 아니니까 알기 어렵지.

하지만 이 사랑을 받은 행복의 기억은 오랜 기간 삶에 지속적인 영향을 미치며 성인이 된 이후에 힘든 시기를 겪어도 잘 살아가게 하는 원동력이 될 거야. 부유하고 자유로워도 사랑을 못 받으며 자란 아이들은 힘든 시기가 찾아오면 사랑이 부족했던 과거를 생각하며 한탄할지도 몰라. 잘 성장하고 생산도 하고 자유롭게 살아도, 충만한 사랑을 어떻게 받는가에 대한 기준이 부족하여 항상 부족하다고 느낄 수 있어. 힘든 시기에 사랑의 결핍을 느끼는 순간 누군가의 약간의 호의를 사랑이라고 착각하여 상대방 의도와 상관없이 금새 사랑에 빠지기도 하고, 사랑의 기준이 부족하여 충분한 사랑을 받음에도 감사할 수 없이 더 받아야 된다고 생각할 수도 있지.

어려서 사랑을 많이 받고 자란 아이는 사랑에 대한 기억과 충만함으로 성인이 되어 독립을 하고 혼자 자립을 하게 되는 시간들도 잘 지나가게 될 거야. 떨어져 살아도 언제든 돌아가면 나를 사랑해 줄 누군가가 있다고 생각하면 불안감이 덜하겠지. 독립하여 떨어져 살며 사랑이 점점 결핍되는 시기가 올 텐데 부모님께 받았던 사랑의 기억이 삶을 살아가는 원동력이 되겠지. 언제든지 전화하면 나를 사랑하는 누군가가 있고 내 편을 들어주고 내 얘기를 들어준다는 것은 큰 위로가 되지. 언젠가 결혼하고 배우자가 생기면 그 사랑의 기억이 더욱 자라나고, 아이가 생겨 사랑을 나누어주고 아이에게 사랑을 받는 시기에는 그 사랑이 더욱 풍성해질 거야."

"지금 아빠 엄마 할머니에게 사랑받는 나는 평생 행복할 것 같아!"

"맞아. 하지만 언젠가 엄마 아빠가 미국에서 멀리 떨어져 살아서, 엄마 아빠의 직접적인 사랑을 못 받더라도 불행하다고 생각하지 마.

기본적으로 종교가 있는 너는 너를 사랑해 주는 신이 있고, 신께서 무한하게 사랑을 부어주시는 존재라는 것을 잊지 마. 신 앞에서는 네가 어떤 외모를 가졌든, 어떤 집안에서 태어났든, 어떤 능력과 직업을 가졌으며 돈이 많든 적든 너는 존재만으로도 소중한 그분의 딸이니까. 인간은 태어나면서부터 인간으로서 소중한 존재이고 그 가치를 인정받을 수 있거든. 이러한 자연적인 가치를 반영하여 사회와 법도 인간의 존엄성과 기본적인 권리를 보호하고자 도덕과 법규범을 형성하였지. 따라서 언젠가 모든 것이 사라지고 무너져 버리더라도 절망하거나 우울해 하지 말고 태어나면서부터 가진 네 본연의 소중한 존재적 가치를 잊지 마. 아빠와 엄마뿐 아니라 신께서는 기도하는 너를 늘 사랑한다는 것을 잊지 말고 다시 건강하게 일어나려는 노력을 해야 해."

"아, 그렇구나. 나도 엄마 아빠와 신 사랑해! 그런데 사랑이 뭐야, 아빠?"

사랑의 종류와 컴패션

"하하하, 그걸 설명 안 해줬네. 그리스어로 에로스eros라고 불리는 이 사랑에는 여러 가지 의미가 포함되어 있어.

우선 남녀 간의 화학작용이 일어나 로맨틱하게 솟아나는 불같은 사랑이 있어. 이는 도파민이라는 호르몬의 작용으로 상대방에게 이성적으로 끌리고 쾌락을 느끼게 하지. 누군가를 만나 이끌리며 너무 좋아하게 되는 감정이야. 하지만 이 사랑은 일시적이며 화학작용이 끝나면 식게 되지. 일시적인 행복감을 늘릴 수는 있지만 이걸 지속시키기 위해 도파민을 계속 분비하는 데는 한계가 있어. 길어야 1년 정도라고 봐야 해. 그 이후에는 점점 지루해지고 자주 싸우고 결국 헤어지게 되는 거야. 여기에 중독

되면 헤어지고 새로운 사람을 만나기를 반복할 수도 있어. 처음에 가졌던 순수함이 자신의 얼굴을 완전하게 볼 수 있는 온전한 거울이었다면, 이런 사랑을 하면 할수록 거울이 깨어져 자신의 형체가 잘 보이지 않을 정도로 순수함이 모두 사라지게 되지."

"아, 우리 반 친구들끼리 남자 친구 여자 친구 만드는 거랑 비슷하네. 맨날 좋다고 사귀었다가 싸우고 헤어지고."

"맞아, 그런 사랑이라면 시간과 에너지가 낭비되니 안 하는 게 나을지도 모르지."

"그러면 아빠 어떤 사랑을 해야 할까?"

"두 번째로는 컴패션compassion이라는 사랑이 있어. 아빠가 생각하는 오랫동안 행복을 가져오는 사랑은 이 컴패션이라는 것이야. 열정인 '패션passion'을 함께한다는 의미야. 공감이라고도 하고 긍휼이라고도 하고 동정이라고도 할 수 있지. 지나가는 사람을 아무나 사랑할 수는 없을 거야. 전혀 모르기 때문이지. 하지만 우연한 기회로 커피를 마시거나 대화를 하면서 서로에 대해서 알게 되고 상대방의 삶의 목적이나 가치관, 취미 등을 함께 공유하게 되면 상대방을 좋아하게 되지. 이럴 때 오는 감정이 컴패션이라는 거야. 둘 사이에 공통된 점이 많고 대화도 잘 되고 함께할 수 있는 것들이 많아지면 많아질수록 서로에게 더 친밀감을 느끼고 오랫동안 열정을 함께 공유할 수 있게 되지. 이런 컴패션이 이루어진 커플이나 부부는 굉장히 오랫동안 행복하게 살 수 있을 거야."

"그렇구나. 일단 나는 컴패션을 함께 나눌 수 있는 남자를 만나야겠네. 그런데 컴패션을 어떤 식으로 가져야 할까?"

"완벽하게 같을 수는 없지만, 대부분의 주제에서 공감이 잘 돼야 하고, 가장 중요한 것은 인생의 같은 목적을 가지고 같은 곳을 바라 보아야겠지. 그냥 같이 있어서 좋은 감정은 오래가지 못하고, 함께 무엇인가를 즐겁게 하면서 함께 성장할 때 컴패션을 느끼고 오래 관계를 유지할 수 있어. 계속해서 함께 행복을 찾아가려는 노력을 하는 게 중요해. 한 명은 성장하려고 하는데, 한 명은 게으르거나 멈춰 있으면 힘들겠지. 쉬는 날 한 명은 집밖으로 나가 뭐라도 하려고 하고 한 명은 집 안에서 쉬면서 TV만 보려고 하면 힘들겠지. 따라서 많은 분야에서 패션을 나눌 수 있는 사람일수록, 더 많은 사랑을 하고 행복을 가져다줄 거야."

"그런 사람은 어떻게 만날까?"

"가장 좋은 방법은 주변에서 만나는 거지. 네가 좋아하는 공부나 취미 활동을 하다 보면 같은 영역에서 함께 활동하게 되니까, 일단은 공통점이 있는 사람을 만날 수 있어. 네가 좋아하는 다양한 클럽이나 동아리에 참여해 보면 기회는 많이 생길 거야. 자주 만나다 보면 서로의 문화적 가치관도 나눌 수 있고, 계속 성장하는 사람인지 멈춰 있는 사람인지도 판단할 수 있지. 성격도 보이게 될 테고. 외모, 학벌, 집안, 출신 지역 등은 크게 중요하지 않아. 그런 것들은 언제든 변할 수 있고, 시간이 멈춰진 사람들한테나 중요한 것이야.

오히려 노화를 방지해 젊음을 유지해서 나이가 들수록 잘 생겨 보이는 사람, 좋은 학교를 나온 것보다는 너와 공감대를 형성할 수 있는 전공을 가지고 그것을 활용해 사회의 틀을 깨고 계속 성장하고 성공할 수 있는 사람, 집안에 의존하지 않고 충분히 자기 힘으로 성장하여 성공할 수 있는 사람, 출신 지역과 상관없이 문화적 경계를 허물고 새로운 문화에 잘 적응할 수 있는 사람이 더 중요해. 핵심은 너와의 공감대를 잘 형성하고, 너에게 적응하여 같은 패션을 만들어낼 수 있는 사람이지. 이러한 사람을 찾아서 만나는 것을 안목이라고 볼 수 있는데, 안목을 키워 나가야지."

"안목?"

"응, 안목. 좋은 것을 고르는 능력이라고도 하지. 투자를 할 때 집이든 주식이든 골동품이든 좋은 것을 잘 고르는 게 중요하고, 그것의 적정한 가격을 아는 게 중요하잖아. 하지만 이 안목은 처음 접하는 분야에서는 쉽게 길러질 수가 없고, 책을 많이 읽고 경험을 해봐야 늘어나는 것이거든. 보통은 1~2년 정도는 노력을 해야 높은 안목이 생겨. 따라서 처음 집을 사거나 처음 주식을 사거나 처음 골동품을 살 때 실수가 많이 나오게 되지.

사람도 마찬가지야. 좋은 사람을 보는 안목은 오랜 시간이 걸려야 생기는데, 어린 나이에는 쉽게 길러지지가 않아. 사람은 물건에 비해서 파악하기가 쉽지 않거든. 사람을 알려면 철학 같은 공부도 더 많이 해야 하고, 그 생각과 감정이 미묘하고 복잡하게 얽혀 있어서 쉽게 알 수가 없어. 학생 시절 친구들 사귈 때와 회사 같은 조직 생활을 할 때, 연애할 때. 모두 달라서 수십 년 동안 사람을 상대해도 쉽지가 않아. 그래서 첫사랑에는 모두 실패한다고 하잖아.

사람을 보는 안목이 없으면 사기를 당하기도 쉽고, 나쁜 친구와 어울릴 수도 있고, 처음 만난 남자 친구를 감정에 이끌려 만날 수도 있지. 시간이 한참 지나서야 좋은 사람인지를 분간할 수 있게 되거든. 그래서 안목을 키우기 위해 많은 사람을 만나

보고 대화를 해보는 게 중요해. 물론 사람을 만나고 헤어지는 과정은 마음이 찢어지는 고통이 수반되기 때문에 많은 기회가 오지는 않을 거야. 따라서 만남과 사랑, 궁극적으로 결혼은 정말 신중하게 결정해야 해.

  실수와 시간 낭비를 최대한 줄이기 위해 가장 중요한 것은 너의 정체성을 잘 파악하는 거야. 네가 삶의 목적이 무엇인지, 너의 패션passion이 무엇인지, 너의 성격이 어떤지를 메타인지적으로 잘 알아야 해. 사회가 정해놓은 좋은 조건의 사람이 아니라, 너에게 가장 잘 맞는 사람과 고정관념에 사로잡히지 않고 고집이 없어 너에게 가장 잘 맞춰줄 수 있는 사람을 찾아 나가야겠지."

궁극적 사랑

"그렇구나. 나를 알고 나에게 가장 잘 맞는 사람을 찾아야겠네! 그런데 엄마는 나를 가끔 혼내는데 엄마는 나 많이 사랑하는 걸까? 이런 사랑은 뭐야?"

"당연히 엄마는 우리 수민이 사랑하지. 수민이를 가장 사랑하는 게 엄마야. 아빠가 말하고 싶은 세 번째가 엄마의 사랑이야. 엄마는 너를 많이 사랑하고 엄마의 사랑은 무조건적이고 무한한 사랑이라고 볼 수 있어. 너를 가끔 혼내고 잔소리를 하는 이유는, 아직은 성장기에 있어 여러 면에서 부족한 네가 이 사회에서 잘 적응하고 성장하며 방향성을 잘 잡고 행복하게 잘되기를 바라기 때문이야. 너를 사랑하지 않으면 네가 놀든 말든 하고 싶은 거 하도록 내버려둘 거야. 사랑이 없다면 방향을 잘못 잡고 잘못된 길로 가다 나중에 커서 네가 고생을 하든 신경을 안 쓰게 되지. 아마 너도 나중에 후회하게 되겠지. 왜 그대로 내버려 뒀냐고 원망하는 경우도 많이 보았고. 네가 혼자서 독립적으로 잘 방향을 잡고 가면, 아마 엄마는 너의 삶과 가치관과 자유를 더욱 존중해 주고 잔소리는 안 할 거야. 우리는 사랑과 행복의 기억이 네게 더 많이 남기를 바라거든. 엄마나 아빠가 네게 주는 사랑은 조건 없이 무한해서 너와 가치관과 패션passion이 다르더라도 할 수 있는 사랑이지. 너도 나중에 결혼해서 아이를 낳게 되면 엄마 아빠의 마음을 이해할 수 있을 거야."

"아니야, 나는 지금도 무조건적으로 엄마하고 아빠 사랑해!"

"그래, 하하하.
궁극적으로 너의 행복을 더 키워줄 수 있는 네가 할 수 있는 사랑은 지금 엄마 아빠가 네게 주는 것처럼 맹목적인 사랑이야. 주고받는 '기브 앤드 테이크give and take'식 사랑이 아니라, 받을 것을 기대하지 않고 네가 일방적으로 나누어줄 수 있는 컴패션compassion적 사랑이지. 아까도 얘기했지만, 이는 긍휼이나 긍정적 의미의 동정이라고도 할 수 있어. 이 사랑은 누구나 누구에게나

할 수 있는 인류를 사랑하는 보편적 사랑이라고 볼 수 있어.

성경에서 예수 그리스도가 인간을 위해 십자가에 못 박히듯이, 모르는 노숙자나 병자, 불쌍한 처지에 놓인 사람을 무시하지 못하고 먼저 말을 걸고 치유해 주는, 무조건적으로 나눠주는 가장 고귀하고 숭고한 사랑이지. 요즘처럼 경제적으로 각박한 시대에 이런 사랑을 하는 사람은 많이 찾아보기 힘들어. 그래도 가끔 뉴스나 SNS를 통해 대가를 바라지 않고 선행을 하는 사람들의 이야기를 들을 수 있지. 지나가다 병자나 불쌍한 이들이 보이면 무시하지 못하고, 상대방의 이야기들을 잘 물어보고 관심 있게 들어주면서 함께해 주려는 마음이 진정한 의미의 컴패션이라고 볼 수 있어.

이러한 무조건적인 사랑을 나누어주는 것은 가장 고귀한 일이고, 이를 실천하면 신이 부어주시는 최고의 행복을 느낄 수 있을 거야. 누군가가 보아서 남을 의식하며 하는 것이 아닌, 언제나 함께하시는 신이 보시기에 가장 아름다운 일을 하는 거지. 마더 테레사가 인도에서, 헨리 나우웬Henry Nousen이 캐나다의 지적장애인들을 위해 일했던 것처럼 가장 아름다운 일을 하며 가장 큰 행복을 느끼게 되는 거야. 아빠가 가장 존경하는 정신적 멘토인 헨리 나우웬 신부님은 전 세계의 우수한 학교들 중 하버드와 예일 대학교에서 강의를 했었던 분이야. 오랫동안 쌓아올린 명성과 부를 포기하고 캐나다의 지적장애인들이 모인 사회인

'L'Arche Daybreak'의 신부가 되며 죽을 때까지 지적장애인들과 함께하였어. 다른 이들에게 친절하고, 그들을 존중하며 긍휼과 친절함으로 포용하며 사랑을 실천하고 살다가 행복하게 돌아가셨지.

물론 이 세 번째 사랑은 아무나 할 수 있는 것은 아니야. 사랑이 넘치고 능력이 되는 사람들이 더 잘할 가능성이 있어. 부모나 다른 누군가에게 큰 사랑을 받아서 마음 가운데 사랑이 넘치는 사람이 같은 사랑을 누군가에게 전해줄 수 있겠지. 만약 사랑이 부족한 사람이라면 기도를 통해, 성령을 통해 받은 사랑을 나눠줄 수 있어. 언젠가 네가 커서 아빠처럼 누군가 도와줄 수 있는 상황과 능력이 되면 꼭 할 수 있으면 좋겠어.

아빠는 2011년부터 보스턴에 살면서 엄마와 함께 온누리 교회에 나가게 되었고, 그곳에서 보스턴에 있는 노숙자들을 위한 사역을 오랫동안 해왔단다. 뉴저지에 이사 와서도 2020년 코로나가 터지기 직전까지 뉴어크Newark의 노숙자들을 위해 기도하고 함께 사역했었어. 말을 걸어주고 기도해 주고 물질적으로 도움도 주고 하면서, 아빠는 신의 사랑을 많이 받았어. 그래서, 아빠는 보스턴과 뉴저지의 삶이 아빠 인생에서 가장 행복했던 삶이 아니었나 싶어. 물론 지금도 많이 행복하고. 지금은 유튜브를 통해 많은 사람과 또 사랑을 나누고 있지. 매일 아침 라이브 방송을 하며 사람들을 교육하고 소통하며 마음이 힘든 사람들을 치유하고 기쁨을 나누는 삶도 정말 아름답고 행복한 것 같아."

"아빠 멋지다! 그러면 나중에 내가 커서 이런 사랑을 하려면 어느 정도의 시간을 쓰는 게 좋을까?"

사랑은 감사에서 시작된다

"결국 궁극적으로 진정한 행복을 원한다면 적당히 만족하며 살고 남은 시간은 남을 위해 써야 해. 하지만 청소년기의 어린 나이에는 아직 물질적으로도 경제적으로도 능력이 부족하고 공감 소통 능력과 타인과 나누는 경험이 부족해 훈련을 더 받아야 하지. 아직은 사랑받을 나이라 나눠주기에는 힘든 면이 있어. 단순한 동정만으로는 그 누구도 제대로 도와주기가 힘들어. 하지만 대학을 다니고 직장을 구하고 어느 정도 경제적 독립을 이루기 시작하는 나이에는 사랑을 나눠주기 좋은 시기가 오지.

중고등학교에서는 자신의 능력의 100%를 써야 좋은 대학에 원하는 과를 선택해서 갈 수 있으니까 최선을 다하지만, 대학교에 가서는 꼭 1등을 할 필요는 없고, 특히 직장에 들어가서도 1등을 할 필요는 없어. 주어진 상황에 만족하고 최선을 다하지만 80% 정도만 에너지를 써도 충분히 잘할 수 있거든. 전문가는 시간이 만들어주지, 단기간에 1등을 한다고 만들어지지는 않거든. 오히려 에너지를 100%로 계속 쓰면 지쳐서 쓰러지는 경우도 있고. 사람의 에너지는 나이가 들면 계속해서 충원되기 힘들기 때문에 40대에는 70%, 50대 이후에는 60% 정도만 본업에 집중하여 에너지를 쓰고, 나머지는 운동과 여가 활동에 쓰는 게 너를 더욱 행복하게 만들어줄 거야.

나머지 에너지는 다른 성장을 하는 데 쓸 수도 있고, 시야를 자신에게서 밖으로 돌려 세상을 바라보는 데 쓰면 삶이 더 풍족해지리라 믿어. 에너지를 비축하면 사랑할 여유가 생기게 되지. 자신의 본업과 삶에 만족하고 감사하기 시작하면서, 여유가 생기고 사랑할 준비가 된다고 보면 돼. 본인의 삶과 직업이 그저 주어진 것이 아니라 부모님과 신께서 큰 사랑으로 부어주신 것이라고 믿으면 감사하게 되고, 더 무리해서 욕심내고 더 많은 것을 바라지 않게 될 거야. 주어진 것에만 최선을 다하면 결과도 좋게 나오지만, 마음 속에는 여유가 생겨 주변을 볼 수 있게 되고, 그 사랑을 주변에 나눠주려는 노력도 하게 될 거야. 가족과 친구를 바라보고 사랑하며 이웃을 내 몸처럼 사랑하게 되면서, 궁극적인 행복에 도달하게 될 거야."

이 길의 끝에서

    향긋한 꽃들이 만발한 5월에 이 책을 쓰기 시작해서 벌써 7월 말이다. 뜨거운 햇볕에 선뜻 밖으로 나가기가 두려운 여름도 이제 한창이다. 정원에 피었던 데이릴리도 지고, 연둣빛으로 새롭게 나왔던 나뭇잎들도 이제는 대부분 진한 초록빛으로 변했다. 몇 달이 지나 이 책이 나올 때쯤이면 오렌지빛 붉은색으로 단풍이 들어 있겠지. 그리고 겨울이면 모두 질 것이다.

    시간은 이처럼 흘러가는 것처럼 보이지만 사실은 같은 현상이 내년에도 반복될 것이다. 눈은 쌓였다 녹고, 쏟아지는 비는 결국 마른다. 시간이 흘러가는 것처럼 보여도 우리를 둘러싼 자연은 반복의 연속이다. 가지 친 나무들은 매년 똑같은 모습을 보여주고, 푸른 하늘은 회색으로 변했다 비를 뿌린 후 다시 맑아진다. 먹구름은 어느새 사라지고 파란 하늘을 볼 수 있을 것이다.

  신이 만들어놓은 카이로스의 순간은 수천만 년간 멈춘 듯이 그대로인데, 인간이 만들어놓은 크로노스의 시간 속에 변하는 건 인간들의 문명과 그 속에서 살고 있는 인간들이다. 문명은 낡고 쇠퇴하며 인간들은 노화되어 간다. 시간은 그들에게만 흘러간다.

  시계가 없다면 멈춰져 있을지 모를 이 공간 가운데 나의 시간도 멈추어 느리게 흘러가기를 늘 바란다. 부담 없이 천천히 느리게 성장하고 생산을 하며 신과 함께하는 자유로운 나의 삶 가운데 사랑하는 아내와 딸이 늘 행복하고 건강하게 곁에 동행하기를 바란다. 일상에 신께서 뿌려서 채워주시는 사랑이 한 가득인 삶이길 원한다. 행복은 그곳에 있음을 알며, 늘 나의 시계추는 멈춰 시간이 느리게 흘러 가길 바란다. 오직 신이 보시기에 의미 있는 것들이 나의 공간 가운데 이루어지고 채워져 내 인생의 끝에 행복한 기억들로 가득 차기를 바란다. 이 책을 읽는 모든 이들의 삶도 그러하기를 기도한다.

2025년 7월
뉴저지 테너플라이에서

Dom 036

부자 아빠의 행복 철학

초판 1쇄 발행 | 2025년 11월 24일
초판 2쇄 발행 | 2026년 1월 5일

지은이 이주택(반교수)
펴낸이 최만규
펴낸곳 월요일의꿈
출판등록 제25100-2020-000035호
연락처 010-3061-4655
이메일 dom@mondaydream.co.kr

ISBN 979-11-92044-61-3 (03590)

• 책값은 뒤표지에 있습니다.
• 잘못 만들어진 책은 구입하신 서점에서 교환해드립니다.
• 이 책 내용의 전부 또는 일부를 재사용하려면 반드시 저작권자와 월요일의꿈의 서면동의를 받아야 합니다.

'월요일의꿈'은 일상에 지쳐 마음의 여유를 잃은 이들에게 일상의 의미와 희망을 되새기고 싶다는 마음으로 지은 이름입니다. 월요일의꿈의 로고인 '도도한 느림보'는 세상의 속도가 아닌 나만의 속도로 하루하루를 당당하게, 도도하게 살아가는 것도 괜찮다는 뜻을 담았습니다.
"조금 느리면 어떤가요? 나에게 맞는 속도라면, 세상에 작은 행복을 선물하는 방향이라면 그게 일상의 의미이자 행복이 아닐까요?" 이런 마음을 담은 알찬 내용의 원고를 기다리고 있습니다. 기획 의도와 간단한 개요를 연락처와 함께 dom@mondaydream.co.kr로 보내주시기 바랍니다.